たかこさんの
しあわせふたりごはん

稲田多佳子

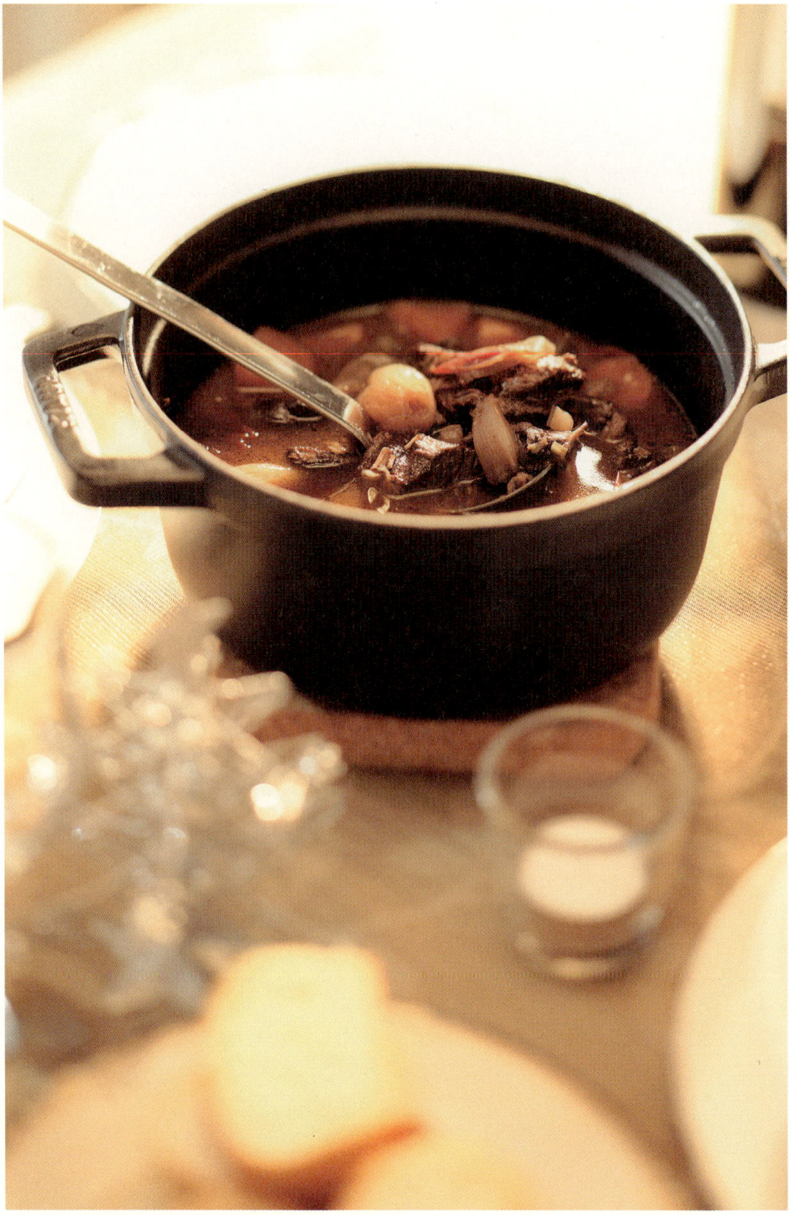

はじめに

大好きな人とふたりきりで囲んだ特別な日のテーブルの記憶は、満ち足りた想いと共に、

心の奥のページに深く刻み込まれます。

何を食べてもらおうかと献立を考える時間。おいしく食べてもらえますようにと願いながら台所に立つ時間。

お料理ができ上がり、テーブルの支度をして、彼の到着をのんびりと待つ時間。

ふたりで過ごす時間の喜びは、ひとりでいる時間から、もうすでに始まっています。

玄関の扉を開けるときの言葉は、「お帰りなさい」かもしれないし、「いらっしゃい」かもしれない。

そのどちらであったとしても、愛しい人の笑顔を待ち遠しく思い、

胸をときめかせながら迎え入れる気持ちに、違いはありません。

また、普段の日のごはんは着なれた部屋着のような、気の張らないお料理がいいと思っています。

手間ひまをかけなくたって、心ひとつで食事の時間は豊かになるもの。

一皿ごはんや二皿ディナーは、カフェで食べるごはんみたいでワクワクするし、

明るい色のクロスをテーブルにかけ、器や盛りつけに少しだけ気をつかえば、

ふたりの会話もほがらかに弾むはず。

スペシャルは、たまにあるからこそ輝くのだと思うし、

その輝きをより一層のものにしたいと、腕まくりできるのだと思います。

そして、その特別な日に感じたまばゆさが、日々を暮らす原動力にもなるのだと。

人生は、一日一日の連続です。

夕食のテーブルでふたりが向かい合い、笑い合って、穏やかな気持ちで一日を終える。

そんな何気ない日常を重ね、ささやかな幸せの種を育てていくことに、意味があるのだと思います。

特別な日の夜も、普段の日の夜も、

あたたかくて幸せなひとときを、どうぞ、おいしく過ごしてください。

あなたの心が寄り添う大切な人と、ふたりで。

contents

part 1 記念日をおうちでお祝い 特別な日と季節を楽しむ ふたりディナー……7

Autumn

秋の夜長をふたりで楽しむビストロ風メニュー……8
なすのカルパッチョ風／豚肉ときのこのウスターソース煮＋パセリご飯／
焼きパプリカのサラダ／りんごのアーモンドケーキ

11月22日の"いい夫婦"ディナー……12
コーンと卵のスープ／やわらかな八角の香りローストチキン／
お刺身、韓国風ソースで／大根とホタテの和え物／ミルクゼリーの桂花陳酒がけ

Winter

ハッピーメリークリスマスディナー……16
牛肉の赤ワイン煮／クレソンとマッシュルームのサラダ／
野菜のカマンベール焼き／白いブッシュドノエル

心の込もったスイートバレンタインディナー……20
鯛のカルパッチョ／チキンのマスタードクリーム煮／
ごぼうのバルサミコソテー／チョコレートプリン／小さなハートのココアパイ

Spring

新しい年度に寄せた爽やかなテーブル……24
フルーツトマトのフェデリーニ／れんこんの明太子和え／スナップえんどうとせりのサラダ／
白身魚と野菜のワイン蒸し、クリーム仕立て／ベリージャムのパルフェ

春うららのお花見ごはん……28
洋風ちらし寿司／はまぐりのマヨネーズソース焼き／たけのこの白味噌焼き／
花麩とわかめのお吸い物／どら焼き風サンドデザート

Summer

七夕イタリアンディナー……32
かぼちゃとにんじんのフレッシュサラダ／アクアパッツァ／
焼きアスパラガスのクリーミーエッグソース／ティラミス

元気が出る夏のスパイシー献立……36
赤玉ねぎとミックスビーンズのサラダ／チキンのスパイス煮／
ブロッコリーのフリット／ヨーグルトクリームとフルーツのデザートカップ

記念日に焼く　ケーキバリエーション

スポンジケーキ　　ホワイトチョコレートとラズベリーのケーキ……40
チョコレートケーキ　　パウンドショコラ……41
タルト　　シトラスタルト……42
チーズケーキ　　ハニーホワイトチーズケーキ……43

Column 1 調味料について① 44

Column 2 調味料について② 60

Column 3 アフターディナーのお菓子 78

Column 4 あると便利なストック食材 80

Column 5 道具について 102

part 2 デイリーごはんをもっと楽しく！ごちそう気分の毎日ごはん……45

デイリースペシャル ❶ 新鮮な若鶏でキチンの蒸し煮献立……46
鶏むね肉の蒸し煮、わさびチーズソース／大根と水菜のサラダ／ホタテときゅうりのグラス

❷ おいしいパンを囲むテーブル……48
サーモンのソテー、フレッシュベジソース／マッシュルームのオーブン焼き／グリーンピースの冷製ポタージュ

❸ ほっとする和食でお疲れさまごはん……50
鶏肉とさつまいものしょうが煮／おぼろ豆腐の温泉卵のせ／いんげんのごま和え／漬け物サラダ

❹ 「がんばって！」のパワフルディナー……52
スペアリブのオーブン焼き／ほうれん草とトマトのサラダ／ごぼうとベーコンのピリ辛オリーブオイル

❺ おつまみいろいろ献立……54
ペッパーミニッツステーキ／長いもと玉ねぎのグリル／赤キャベツのマリネサラダ／パリパリチーズ／アンチョビトースト

❻ からだが温まるぽかぽかメニュー……56
鶏肉としめじと焼きねぎの小鍋仕立て／赤ピーマンの梅肉和え／たらと水菜のグラタン風

❼ 「いつもありがとう」の気持ちを包んだ定番ごはん……58
かぼちゃの黒酢しょうゆ焼き／豆苗とひき肉のスープ／牛肉と舞茸の混ぜご飯

part 3 遅くなってごめんね！の30分で作るすぐできメニュー……61

すぐできディナー ❶ 豚肉と白菜のにんにく味噌煮メニュー……62
豚肉と白菜のにんにく味噌煮／ザーサイとねぎのせ豆腐／きゅうりの即席漬け

❷ 牛肉とセロリのクリーム煮メニュー……64
牛肉とセロリのクリーム煮＋にんじんご飯／小エビと枝豆と角切り野菜のサラダ

❸ ハムと野菜の重ね蒸しメニュー……66
ハムと野菜の重ね蒸し／長いもの粒マスタードぽん酢和え／スプラウトのショートパスタ

❹ すずきと青菜のレンジ蒸しメニュー……68
すずきと青菜のレンジ蒸し／厚揚げのごま煮／サラダ代わりの味噌汁

2皿でも満足ディナー ❶ 炊き込みご飯とスープのセット……70
オイルサーディンの洋風炊き込みご飯／カリフラワーのポタージュスープ

❷ 軽い煮込みと混ぜご飯のセット……72
鶏肉とチンゲン菜のオイスターソース煮込み／れんこんと薬味の混ぜご飯

スピードのっけご飯
❶ 牛肉とトマトのクイックどんぶり……74　　❷ スモークサーモンとスクランブルエッグのせ……74
❸ ドライカレー……75　　❹ かじきのバルサミコソテーのせご飯……75

スピードパスタ
❶ ツナとアボカドの冷製パスタ……76　　❷ なめたけおろしのパスタ……76
❸ クリームチーズと黒こしょうのパスタ……77　　❹ あさりとマッシュルーム缶のペンネ……77

part 4　しあわせごはん アラカルト……89

メインディッシュ
和風ローストビーフ……90
鶏肉のはちみつマスタードしょうゆ焼き……91
豚肉のバジルクリーム煮……91
白身魚とトマトソースのオーブン焼き……92
ぶりのムニエル、しょうがバターソース……93
魚介のホイル包み焼き……93

サイドディッシュ
プチトマトのマリネ……94
たこのマリネ……94
焼きズッキーニのサラダ……95
かぼちゃのオープンオムレツ……95
じゃがいものグラタン……96
いんげんのアンチョビオイル煮……96
コンビーフのリエット風……97
カキのマヨネーズフライ……97
ねぎとごまのプチがんも……98
きのこのピリ辛炒め……98
塩昆布とわかめのクイックスープ……99
油揚げとねぎのごま味噌汁……99

シメのひと皿
牛しゃぶ茶漬け……100
ちりめんじゃことねぎのふりかけ丼……100
けいらんうどん……101
茶そばのサラダ仕立て……101

しあわせなテーブル作りの アイデア&ヒント

1　基本は白の器……82
2　黒・ガラスの器が便利……83
3　和食器も楽しい……84
4　気分が変わるアンダープレート……85
5　何かと使える楕円・長方形皿……85
6　あると便利な器いろいろ……86
7　カトラリーとクロス……88
8　お気に入りのアイテム etc.……88

レシピの決まりごと
- 1カップは200ml、大さじ1は15ml、小さじ1は5mlです。
- 卵はLサイズを使用しています。
- しょうゆは濃い口しょうゆを使用しています。
- バターは無塩バターを使用しています。
- 料理に使う白ワインは辛口のもの、オリーブオイルはエキストラバージンオリーブオイルを使用しています。
- こしょうの種類について、特に記載のない場合はお好みのものを使用してください。
- フライパンはフッ素樹脂加工のものを使用しています。
- 電子レンジでの加熱時間は600Wのものを目安にしています。
- オーブンはガスオーブンを使用しています。焼き時間は熱源や機種により多少差が出ますので様子を見ながら加減してください。

$part\ 1$

Autumn

Winter

Spring

Summer

記念日をおうちでお祝い

特別な日と季節を楽しむ
ふたりディナー

Scean 1

特別な日のふたりディナー
秋の夜長をふたりで楽しむビストロ風メニュー

Today's MENU
- なすのカルパッチョ風
- 豚肉ときのこのウスターソース煮
  ＋パセリご飯
- 焼きパプリカのサラダ
- りんごのアーモンドケーキ

Autumn

ハートフルなイベントごとが
カレンダーをめくる度に訪れる、秋から冬。
厳しい残暑を抜けて、日ごとに増してゆく肌寒さに
寂しさを感じないのは、
穏やかな寒さとふと覚える人恋しさが、
ふたりの距離をそっと近づけてくれるからなのかもしれません。
街路樹がほんのりと紅く色づいて、
だんだんと夜が長くなり始めたことに気づいた今夜は、
お肉ときのこをコトコトとゆっくり煮込んで、
この時季だからこその紅玉で、りんごの焼き菓子を焼いて。
深まりゆく秋の時間をふたりきりで、甘くおいしく過ごしたい。
そんな想いから、こんなテーブルを用意しました。

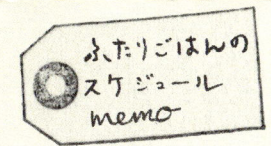

ふたりごはんのスケジュールmemo

前日の夜
- 豚肉ときのこのウスターソース煮を作る。
- りんごのケーキを焼く。

当日時間のあるとき
- なすを蒸し、パプリカを焼いて、それぞれ冷蔵庫へ。
- きゅうりを削ってキッチンペーパーで包み、冷蔵庫へ。
- 大葉もせん切りにしておく。

直前に
- カルパッチョとサラダを仕上げる。
- 豚肉ときのこのウスターソース煮を温め直す。

なすのカルパッチョ風

ピーラーで薄くしたきゅうりのしなやかな歯応えが、
蒸したなすとよく合います。香りよい大葉をたっぷりとのせて。

材料（2〜3人分）
なす……2本
きゅうり……1本
大葉……5〜6枚
ぽん酢しょうゆ……大さじ1と½
オリーブオイル……大さじ1

作り方
❶ なすは皮をむいて電子レンジ加熱OKの皿にのせ、水を大さじ1（分量外）ほどふる。ラップをふわりとかけて電子レンジで4分ほど加熱し、そのまま冷ます。きゅうりはピーラーで縦に薄くスライスし、大葉はせん切りにする。
❷ 皿にきゅうりを敷き、なすを手で裂いてその上に広げ、ぽん酢とオリーブオイルを回しかける。最後に大葉をふんわりのせる。

秋の夜長をふたりで楽しむビストロ風メニュー

豚肉ときのこのウスターソース煮+パセリご飯

野菜ジュースは食塩無添加のものを使いました。
トマトジュースで煮込んでも、いい味に仕上がります。

材料（2～3人分）
豚肉（肩ロースなど）……350g
塩、黒こしょう……適量
強力粉……適量
しめじ、ブナピー……各1パック
マッシュルーム……6個
オリーブオイル……適量
A ┃ ウスターソース……¼カップ
　 ┃ 赤ワイン……¼カップ
　 ┃ 野菜ジュース……½カップ
　 ┃ 水……¼カップ
　 ┃ はちみつ……小さじ1
　 ┃ しょうゆ……小さじ1
　 ┃ ローリエ……1枚
バター……10g
パセリご飯＊……適量

作り方
❶ 豚肉は大きめの食べやすい大きさに切り、塩、こしょうをふって、強力粉を薄くまぶす。しめじとブナピーは食べやすく裂き、マッシュルームは縦4つに切る。
❷ 鍋にオリーブオイルを熱し、豚肉の表面を強めの中火でこんがりと焼きつける。きのこを加えてざっと混ぜ、Aを加える。沸騰したらフタをして弱火で50分ほど煮る（途中でアクを除く）。煮上がったらバターを溶かし、パセリご飯と共に皿に盛る。

＊パセリご飯
温かいご飯1合に、オリーブオイル大さじ½と刻んだパセリ大さじ½をさっくりと合わせて作る。

私の定番、オジカソース工業のウスターソースです。コクがあり、まろやかで素直な味は、隠し味としても優秀。添加物不使用だから、体にも心にも安心。

Autumn

焼きパプリカのサラダ

テーブルに可愛らしい彩りを添える赤と黄色のパプリカ。
フライパンで甘く香ばしく焼くのがおいしい。

材料（2～3人分）
パプリカ（赤・黄）……各1個
サニーレタスなど……適量
オリーブオイル……適量
塩、こしょう……各適量

作り方
① パプリカは太めの細切りにする。サニーレタスは食べやすくちぎる。
② フライパンにオリーブオイルを熱してパプリカを中火でこんがりと焼き、サニーレタスと共に皿に盛る。オリーブオイルを回しかけ、塩、こしょうをパラリとふって、シンプルに食べる。

りんごのアーモンドケーキ

焼き立てはさっくりほんわり、翌日はしっとりと。
味わいが変わるので、好みの食べ頃に合わせて用意して。

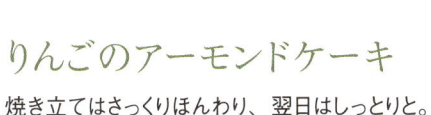

材料（直径10cmの浅めの耐熱皿 4枚分）
薄力粉……20g
アーモンドパウダー……40g
塩……ひとつまみ
バター（無塩）……40g
グラニュー糖……35g
卵……1個
ラム酒……大さじ½
りんご……小1個
くるみ……35g
グラニュー糖（仕上げ用）……適量

下準備
● 薄力粉とアーモンドパウダーと塩は合わせてふるう。
● バターは室温に戻す。
● 耐熱皿に薄くバター（分量外）を塗る。
● オーブンを170℃に予熱する。

作り方
① ボウルにやわらかくしたバターとグラニュー糖（35g）を入れ、泡立て器かハンドミキサーでふんわりとよく混ぜる。粉の½量、卵、残りの粉、ラム酒を順に加え、その都度よく混ぜる。
② 皮をむいて小さめの乱切りにしたりんごを加え、ゴムベラで混ぜ合わせたら、耐熱皿に入れる。くるみをざっと砕いて表面に散らし、グラニュー糖（仕上げ用）をふりかけて、170℃のオーブンで25分ほど焼く。

● 泡立てた生クリームを添えてもおいしいです。

特別な日のふたりディナー
Scean 2
11月22日の"いい夫婦"ディナー

記念日ディナーならば、やっぱりフレンチやイタリアンと、とかく思いがちですが、
コリアンエッセンスミックスのカジュアルなチャイニーズキュイジーヌも、
ちょっとこなれたふたりの食卓という趣きがあって、なかなかいいものです。
中国料理をがんばろうと意気込んで揃えた、唐子の可愛い絵皿も、
ワインレッドのクロスとクリアなガラス使いで、大人っぽいテーブルにまとまりました。
11月22日"いい夫婦"の日も、浸透してきたなぁとほほえましく思う昨今。
夫婦にはまだ少し早いふたりなら、
11月24日"一緒がいちばん。ふたりがしあわせ"の日に。

Today's MENU

- コーンと卵のスープ
- やわらかな八角の香り
  ローストチキン
- お刺身、韓国風ソースで
- 大根とホタテの和え物
- ミルクゼリーの桂花陳酒がけ

Autumn

コーンと卵のスープ

コーンクリーム缶は190gなので、中身をお鍋に空けた後、その缶いっぱい分の水を用意すればOKです。

材料（2～3人分）
コーンクリーム缶……1缶（190g）
卵……1個
水……約1カップ
ホタテ貝柱缶の汁……1缶分
（※中身は「大根とホタテの和え物」で使用）
練り状中華スープの素（p.73）……小さじ1
片栗粉……小さじ1
塩、こしょう……各適量

作り方
❶ 鍋にコーンクリーム、水、ホタテ貝柱缶の汁、練り状中華スープの素を入れ、時々混ぜながら中火にかける。沸騰したら火を弱め、片栗粉を小さじ2の水（分量外）で溶いて加え、とろみをつける。

❷ 強火にして煮立て、卵を溶いて回し入れる。味をみて、塩、こしょうで調味する。

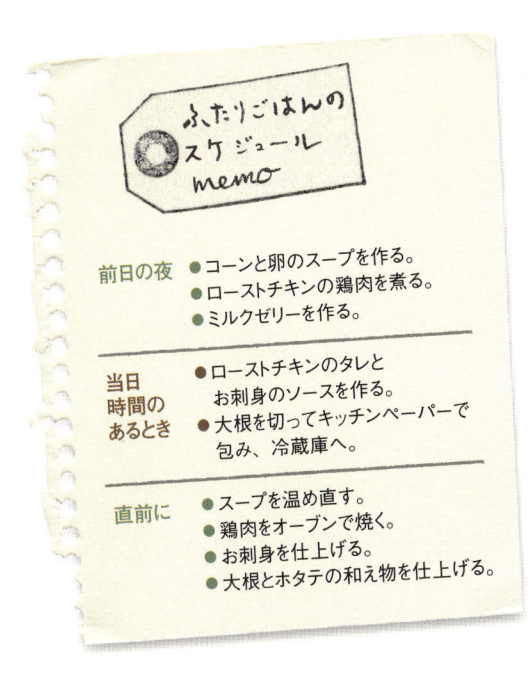

ふたりごはんのスケジュールmemo

前日の夜
- コーンと卵のスープを作る。
- ローストチキンの鶏肉を煮る。
- ミルクゼリーを作る。

当日 時間のあるとき
- ローストチキンのタレとお刺身のソースを作る。
- 大根を切ってキッチンペーパーで包み、冷蔵庫へ。

直前に
- スープを温め直す。
- 鶏肉をオーブンで焼く。
- お刺身を仕上げる。
- 大根とホタテの和え物を仕上げる。

11月22日の"いい夫婦"ディナー

やわらかな八角の香りローストチキン

オーブンでパリッと香ばしく焼けた鶏の皮が食欲をそそります。
韓国唐辛子は省いてもいいし、豆板醤で辛みを入れてもいい。

材料（2〜3人分）
鶏もも肉……大1枚
長ねぎ（青い部分）……1本分
A
　しょうが……½片
　しょうゆ……¼カップ
　紹興酒……¼カップ
　砂糖……小さじ1
　八角……½個
　水……¼カップ
ごま油……大さじ½
はちみつ……小さじ1
B
　黒ごま……大さじ1
　韓国唐辛子……小さじ1
　長ねぎのみじん切り……½本分
みつば……適量

作り方
❶ 鶏肉は、余分な脂肪を除く。しょうがは粗いみじん切りにする。

❷ 鍋に鶏肉を皮目を下にして入れ、Aを加え、長ねぎの青い部分をのせる。強めの中火で沸騰させたら上下を返し、フタをして弱火で12分ほど煮て火を止め、そのまま冷ます。

❸ 鶏肉を取り出して、皮にごま油とはちみつを合わせくハケで塗り、240℃に予熱したオーブンでおいしそうに色づくまで12分ほど焼く。

❹ ❷の煮汁をこして½カップ分を鍋に戻し、Bを加えて一度煮立て、タレを作る。

❺ ❸の鶏肉を切り分けて皿に盛り、みつばをあしらう。好みでタレを添える。

八角は中国料理によく用いられるスパイスで、スターアニスとも呼ばれます。花のような星形をしていて、独特の甘い香りを強く持っています。

お刺身、韓国風ソースで

この季節ならではのさんまのお刺身で作りました。
イカやホタテ、あじやはまちなど、好みのお刺身で。

材料（2〜3人分）
刺身（さんまなど）……60〜70g
A ┃ コチュジャン……大さじ2
　┃ 酢……小さじ1
　┃ 白炒りごま……小さじ1
　┃ ごま油……小さじ1/2
　┃ しょうゆ……小さじ1/2
　┃ 長ねぎのみじん切り
　┃ ……大さじ1
万能ねぎ……適量

作り方
① Aをよく混ぜ合わせてソースを作る。万能ねぎは約1cm長さに切る。
② 刺身を皿に盛り、ソースを好みの量のせて、万能ねぎを散らす。
● ソースは作りやすい分量です。

大根とホタテの和え物

大根は角切りにすると、見映えと口に入れたときの食感が、ひと味違った小鉢になります。

材料（2〜3人分）
大根……4〜5cm
ホタテ貝柱（缶詰）……小1缶
マヨネーズ……大さじ2
塩、白こしょう……各適量

作り方
① 大根は皮をむき小さな角切りにする。ホタテ貝柱は汁気を切って、ざっとほぐす。
● 缶汁は「コーンと卵のスープ」で使用。
② ①をボウルに入れ、マヨネーズで和える。味をみて、塩、こしょうで調味する。

ミルクゼリーの桂花陳酒がけ

粉ゼラチン1袋（5g）使い切りレシピで、たっぷりとでき上がるので、残りはグラスにクラッシュし、アイスコーヒーを注いで楽しみます。

材料（600ml容器　1台分）
牛乳……320ml
グラニュー糖……20g
粉ゼラチン……5g
生クリーム……80ml
缶詰のフルーツ（好みのもの）
……適量
桂花陳酒、飾り用のミント
……各適量

● 桂花陳酒は金木犀の花の香りを白ワインに移した甘いお酒です。炭酸水で割ってシャンパングラスに注ぎ、食前酒に出してもおしゃれです。

作り方
① 牛乳100mlとグラニュー糖を小鍋に入れ、中火にかけて時々混ぜながらグラニュー糖を溶かす。溶けたら火を止め、粉ゼラチンをふり入れ、静かに混ぜながらよく溶かし、残りの牛乳と生クリームを加えて混ぜる。
② 茶こしなどでこしながら容器に入れ、冷蔵庫で2時間以上冷やし固める。
③ 器に盛って、フルーツを散らし、好みで桂花陳酒を少量かけて、ミントをあしらう。

Scean 3

特別な日のふたりディナー

ハッピーメリークリスマスディナー

レストランでのリッチなクリスマスディナーもいいけれど、
人目を気にすることなくゆったりと過ごせる
アットホームなクリスマスも、想い出に残ることと思います。
前日から煮込んだメインの牛肉は、ほろりとほどけるようにやわらかで、
小さなブッシュドノエルも、おいしそうに愛らしく仕上がりました。
テーブルをととのえたら、着心地のよいワンピースに
ちょっとエレガントな柄のエプロンを身に着けて。
チャイムが鳴って、扉の向こう側に立つ彼が、
大きな花束を抱えていても、いなくても、
小さな贈り物を隠していても、いなくても、
今夜は笑顔で、ハッピーメリークリスマス！

Winter

Today's MENU
- 牛肉の赤ワイン煮
- クレソンとマッシュルームのサラダ
- 野菜のカマンベール焼き
- 白いブッシュドノエル

ふたりごはんのスケジュールmemo

前日の夜	● 牛肉の赤ワイン煮を作る。 ● ブッシュドノエルを作る。
当日 時間の あるとき	● サラダ用のクレソン、マッシュルーム、チーズを用意して、冷蔵庫へ。 ● 野菜のカマンベール焼きの野菜を焼いて、耐熱皿に。
直前に	● 牛肉の赤ワイン煮を温め直す。 ● サラダを仕上げる。 ● 野菜の上にチーズをのせて、オーブンへ。

牛肉の赤ワイン煮

煮込み時間は長くかかりますが、
その分おいしさになって、ちゃんと返ってきます。
ペコロスがなければ、玉ねぎ1個で作ってください。

材料（2～3人分）
牛かたまり肉（ほほ肉、すね肉など）
……400g
塩、黒こしょう……各適量
にんじん……小1本
プチトマト……5～6個
セロリ……½本
ペコロス……8個
オリーブオイル……適量

A
　赤ワイン……1と½カップ
　水……½カップ
　顆粒ブイヨン……1本
　ローリエ……1枚
　塩……小さじ½
　砂糖……小さじ½
　みりん……大さじ½

B
　しょうゆ……大さじ½
　バター……15g

作り方
❶ 牛肉は大きめに切り（6～8等分）、塩、黒こしょうをふる。にんじんは乱切り、プチトマトは2等分、セロリは粗いみじん切りにする。
❷ 厚手鍋にオリーブオイルを熱し、牛肉の表面を強めの中火でこんがりと焼いて、一度取り出す。オリーブオイル少々を足し、小玉ねぎ、にんじん、セロリ、プチトマトを順に炒め、牛肉を戻し入れてざっと混ぜる。
❸ Aを加え、沸騰したらアクを除き、フタをして弱火で3時間ほどじっくりと煮込む。
❹ Bを加え、味をみて塩、黒こしょうで調味する。

ハッピーメリークリスマスディナー

クレソンとマッシュルームのサラダ

クレソン、マッシュルーム、パルミジャーノ、組み合わせの妙です。
オリーブオイルは、フレッシュなエクストラバージンで味わって。

材料（2〜3人分）
クレソン……2束
マッシュルーム……4〜5個
パルミジャーノチーズ……適量
塩、黒こしょう……各適量
オリーブオイル……適量

作り方
❶ クレソンは茎のかたい部分は除き、食べやすくちぎる。マッシュルームは縦にスライスする。パルミジャーノチーズはピーラーで薄く削る。
❷ クレソン、マッシュルーム、パルミジャーノチーズをバランスよく重ねながら皿に盛る。オリーブオイルを適量回しかけ、塩、黒こしょうをパラリとふって、どうぞ。
● 除いたクレソンの茎は、炒め物やスープの具など、別のお料理に使い回して。

Winter

野菜のカマンベール焼き

赤ピーマンのレッド、ししとうのグリーン、
長ねぎとカマンベールのホワイトで、まさにクリスマスカラーの一皿。

材料（2～3人分）
長ねぎ……1本
赤ピーマン……1個
ししとう……8本
塩、黒こしょう……各適量
オリーブオイル……適量
カマンベールチーズ……1個

作り方
❶ 長ねぎは3～4cmの斜め切り、赤ピーマンは輪切りにする。ししとうは包丁の先で3カ所ほど小さな穴をあける。
❷ フライパンにオリーブオイルを熱し、長ねぎとししとうを中火でこんがりと焼いて、軽く塩をふる。
❸ 薄くオリーブオイルを塗った耐熱皿に赤ピーマンを敷き、長ねぎとししとうをのせる。カマンベールチーズを小さく切って散らし、230℃に予熱したオーブンで10分ほど焼く。好みで黒こしょうをふる。

白いブッシュドノエル

プレーンな卵色のスポンジを真っ白のクリームで覆った
ごくシンプルなケーキだから、アイビーでシンプルに飾りました。

材料（1本分）
スポンジ生地
薄力粉……15g
卵白……1個分
卵黄……1個分
塩……ひとつまみ
グラニュー糖……25g
生クリーム……大さじ1

クリーム
生クリーム……110ml
グラニュー糖……小さじ1
リキュール（グランマニエなど）
……小さじ1

粉砂糖（仕上げ用）……適量

下準備
● 天板にオーブンシートを敷く。
● オーブンを180℃に予熱する。

作り方
❶ スポンジ生地を作る。ボウルに卵白を入れて、塩とグラニュー糖を少しずつ加えながらハンドミキサーで泡立て、ツヤのあるしっかりとしたメレンゲを作る。卵黄を加えて混ぜたら、薄力粉をふるい入れ、ゴムベラで手早くかつ丁寧に混ぜる。最後に生クリームを加え、均一に混ぜる。
❷ オーブンシートを敷いた天板の上に❶を流し、約18×20cm角になるようカードなどでラフに広げる。180℃のオーブンで8～9分焼く。焼き上がって粗熱が取れたら、乾燥しないようラップをかけて冷ます。
❸ クリームを作る。ボウルに材料の1/2量を入れ、泡立て器で七～八分立て程度にふんわりと泡立てる。
❹ 仕上げる。スポンジ生地の紙をはがし、焼き色を上にして、はがした紙の上におく。クリームを広げたら、手前からくるくると巻く。巻き終わりを下にしてラップで包み、冷蔵庫で30分以上冷やして落ち着かせる。
❺ ボウルに残りのクリームの材料を入れて七～八分立てに泡立てる。ケーキを取り出し、端から1/4程度を斜めに切る。それぞれの表面（側面）に生クリームを塗り、スプーンの背などでラフに模様をつける。粉砂糖を軽くふって仕上げる。

特別な日のふたりディナー
心の込もったスイートバレンタインディナー

Scean 4

とっておきの真っ赤なハート形のお鍋で煮込んだチキンのマスタードクリーム煮と、
チョコレート色のデミタスカップに作ったチョコレートプリンは、私のスペシャリテ。
キウイが新鮮なカルパッチョに、バルサミコ酢を効かせたごぼうのソテー、
寄り添うようなふたつのハートのココアパイが、今年のバレンタインメニューです。
違う場所で違う世界を生きてきた人と出逢い、その人を好きになって、恋をして。
そして今、一緒にいられる今日があること。
それはもう、奇跡的なしあわせだと思うのです。
神様がくれた巡り合わせに心から感謝して、
愛を込めたバレンタインディナーを、あなたとふたりで。

Today's MENU

- 鯛のカルパッチョ
- チキンのマスタードクリーム煮
- ごぼうのバルサミコソテー
- チョコレートプリン
- 小さなハートのココアパイ

Winter

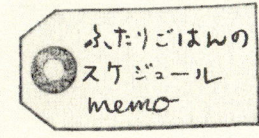

ふたりごはんの スケジュール memo

前日の夜
- チキンのマスタードクリーム煮を作る。
- チョコレートプリンを作り、パイを焼いておく。

当日 時間のあるとき
- カルパッチョの鯛とキウイを皿に盛って、冷蔵庫へ。
- ごぼうのバルサミコソテーを作る（前日でもOK）。

直前に
- チキンのマスタードクリーム煮を温め直す。
- カルパッチョとごぼうのお皿を仕上げる。
- ココアパイを仕上げる。

鯛のカルパッチョ

鯛とキウイを盛りつけたら、食べる直前まで冷蔵庫でしっかりと冷やして。チャービルがなければパセリで代用を。

材料（2〜3人分）
鯛の刺身…………60〜70g
キウイ……¼個
塩……少々
オリーブオイル……適量
ピンクペッパー……適量
チャービル（あれば）……適量
レモン……適量

作り方
❶ 鯛を薄くそぎ切りにしながら、平らに皿に盛る。キウイを細かく刻み、鯛の上に少量ずつバランスよくのせる。
❷ 塩をパラパラとふり、オリーブオイルを適量回しかけ、ピンクペッパーとチャービルを散らす。好みでレモンをキュッと搾って、どうぞ。

21

心の込もったスイートバレンタインディナー

チキンのマスタードクリーム煮

粒マスタードの分量は好みに合わせて加減して。
きのこはしめじやマッシュルームなど、数種類合わせても美味。

材料（2〜3人分）
鶏もも肉……大1枚
塩、こしょう……各適量
しいたけ……4〜5個
玉ねぎ……1/4個
オリーブオイル……適量
白ワイン……1/4カップ
牛乳……大さじ2
生クリーム……1/2カップ
粒マスタード……小さじ2
しょうゆ……小さじ1/2
パセリのみじん切り……適量

作り方
❶ 鶏肉は食べやすい大きさに切り、塩、こしょうをふる。しいたけは十字に4等分、玉ねぎは薄切りにする。
❷ 鍋にオリーブオイルを熱し、鶏肉の表面を皮目から強めの中火でこんがりと焼いて、取り出す。
❸ 玉ねぎとしいたけを入れて塩少々をふり、中火で焦がさないようしっかりと炒めたら、鶏肉を戻し入れ、さっと炒め合わせる。白ワインをふり、アルコールが飛んだら牛乳と生クリームを加える。煮立ったらフタをして弱火で15分ほど煮る。
❹ 粒マスタードとしょうゆを加えて、こしょうで調味する。器に盛って仕上げにパセリを散らす。

ごぼうのバルサミコソテー

黒こしょうをたっぷりとふって仕上げるのが好きです。
スプラウトは小松菜のスプラウトを添えました。

材料（2〜3人分）
ごぼう……1/2本
オリーブオイル……適量
A ┃ バルサミコ酢……大さじ1
　 ┃ しょうゆ……小さじ1
　 ┃ はちみつ……小さじ1
黒こしょう……適量
ルッコラ、スプラウト……各適量

作り方
❶ ごぼうは皮をこそげて、長めの乱切りにし、水にさっとさらす。
❷ フライパンにオリーブオイルを熱し、ごぼうを入れ、こんがりと焼きつけるように中火でしっかりと炒める。Aを煮からめ、味をみて黒こしょうで調味する。
❸ 皿に盛り、ルッコラとスプラウトを添える。

チョコレートプリン

Winter

濃厚な生チョコレートを食べているかのような、とろりとなめらかな舌触り。蒸し器で蒸してもOKです。

材料（デミタスカップ　3個分）
- 製菓用チョコレート（セミスイート）……50g
- 生クリーム……40ml
- グラニュー糖……小さじ2
- 卵黄……2個分
- 牛乳……80ml
- 生クリーム（仕上げ用）……適量
- ミントの葉……適量

下準備
- 製菓用チョコレートは細かく刻む。

作り方

❶ ボウルにチョコレートと生クリームを入れ、電子レンジで加熱して溶かす。グラニュー糖、卵黄、電子レンジで沸騰直前くらいまで温めた牛乳（少しずつ）を順に加え、泡立て器でその都度なめらかに混ぜる。茶漉しなどでこしてカップに注ぎ、アルミ箔でそれぞれフタをする。

❷ 厚手の鍋に❶を入れ、沸騰したお湯をカップの高さ½くらいまで注ぎ、フタをして中火にかける。沸騰したら弱火にして2分ほど加熱し、火を止めてそのまま20分ほどおく。

❸ 冷蔵庫でしっかりと冷やし、食べる前に好みで泡立てた生クリームとミントの葉をのせる。

小さなハートのココアパイ

バレンタインデーにぴったりの、ハート形のお菓子。ジャムの酸味が味わいにアクセントをもたらしてくれます。

材料（約12組分）
- 薄力粉……50g
- ココアパウダー……5g
- 塩……ひとつまみ
- グラニュー糖……大さじ1
- バター（無塩）……35g
- 冷水……大さじ1弱
- 生クリーム……適量
- ブルーベリージャム……適量
- 粉砂糖（仕上げ用）……適量

下準備
- バターは1cm角くらいに切って、冷蔵庫に入れておく。
- 天板にオーブンシートを敷く。

作り方

❶ パイ生地を作る。ボウルに薄力粉、ココアパウダー、塩を合わせてふるい入れ、グラニュー糖を加え、泡立て器で全体を混ぜる。バターを加え、カードで細かく切りながら粉に混ぜ込み、サラサラの状態にする。冷水を加えてざっくりと合わせたら、ラップで包み、冷蔵庫で30分以上休ませる。
- パイ生地はフードプロセッサーで順にまとめて作ってもOK。

❷ オーブンを190℃に予熱する。生地を出して、台に打ち粉（分量外の強力粉）をふり、めん棒で2〜3mm厚さにのばす。2.5×3cmのハートの抜き型で抜いて天板に並べ、竹串でぽつぽつと空気穴をあける。190℃のオーブンで5分ほど焼き、ケーキクーラーなどに取って冷ます。

❸ 間に八分立て程度に泡立てた生クリームとブルーベリージャムをはさみながら、1個につき3枚のパイを重ね、仕上げに粉砂糖をふる。

Scean 5　特別な日のふたりディナー
新しい年度に寄せた爽やかなテーブル

年度はじまりの4月。新たな計画や、新しくおかれた立場に
期待と緊張が入り混じったような心持ちになるのは
きっと誰でも同じで、大人だからこそ感じる不安もあるでしょう。
そんなとき、ふんわりと頬をなでて静かに過ぎてゆく
春風のように爽やかなテーブルで、
「あなたなら大丈夫。どんなことだって乗り越えられるよ」と、
さりげなくそっと、彼の背中を押してあげたいと思います。

Today's MENU

- フルーツトマトのフェデリーニ
- れんこんの明太子和え
- スナップえんどうとせりのサラダ
- 白身魚と野菜のワイン蒸し、クリーム仕立て
- ベリージャムのパルフェ

Spring

フルーツトマトのフェデリーニ

前菜感覚でいただく冷たいパスタ。
フルーツトマトがなければ、
味と甘みの強そうなプチトマトや
ミディトマトを選んで作って。

材料（2〜3人分）
フルーツトマト……2個
A｜バルサミコ酢……小さじ1
　｜めんつゆ……小さじ1
　｜オリーブオイル……大さじ1と1/2
　｜塩……小さじ1/4
　｜こしょう……少々
フェデリーニ……50g
イタリアンパセリ……適量

作り方
❶ ボウルにAを入れてよく混ぜる。フルーツトマトをざく切りにして加え、冷蔵庫に入れておく。
❷ 鍋に湯を沸かし、強めに塩を入れ、フェデリーニを表示時間より1分長めに茹でる。氷水に取って締め、水気を切って❶と合わせる。器に盛り、刻んだイタリアンパセリを散らす。

ふたりごはんのスケジュールmemo

前日の夜　●ベリージャムのパルフェを作る。

当日
時間のあるとき
●れんこんの明太子和えを作る。
●フェデリーニのフルーツトマトと調味料を合わせて冷蔵庫へ。
●サラダのスナップえんどうを加熱し、せりも準備して、冷蔵庫へ。
●ワイン蒸しの野菜を切って、冷蔵庫へ。

直前に
●フェデリーニを茹で、ソースと合わせて仕上げる。
●スナップえんどうとせりのサラダを仕上げる。
●ワイン蒸しを作る。

れんこんの明太子和え

明太子のピリッとした辛みとレモンの清々しい酸味がれんこんにからんだ、春らしい和え物です。

材料（2〜3人分）
れんこん……8cm
明太子……1/2腹
レモン汁……小さじ2
オリーブオイル……大さじ1/2

作り方
❶ れんこんは小さめの角切りにする。明太子は皮を除いてボウルに入れ、レモン汁とオリーブオイルを加えて混ぜる。
❷ フライパンにオリーブオイル（分量外）を熱し、れんこんをこんがりと焼きつけるように中火で炒める。
❸ ❷を❶のボウルに入れて和える。

スナップえんどうとせりのサラダ

軽やかな歯応えのあるスナップえんどうと
香りのよいせりを、馴染み深い和風の味つけで。

材料（2人分）
スナップえんどう……5〜6本
せり……1/2パック
A｜ぽん酢しょうゆ……大さじ1
　｜オリーブオイル……大さじ1/2
　｜こしょう……少々
　｜すりごま……大さじ1/2

作り方
❶ スナップえんどうは筋を取って斜めに2等分、せりは食べやすい長さに切る。
❷ 電子レンジ加熱OKの器にスナップえんどうを入れて、水大さじ1（分量外）と塩少々（分量外）をふり、ラップをふわりとかけて2分ほど加熱する。
❸ ボウルにAを合わせ、❷のスナップえんどうとせりを入れて和える。

新しい年度に寄せた爽やかなテーブル

Spring

白身魚と野菜のワイン蒸し、クリーム仕立て

隠し味にした少しのアンチョビが、クリームを引き締めます。
代わりにしょうゆをたらしたり、ゆずこしょうで仕上げてもいい。

材料（2人分）
白身魚（ひらめ、すずき、鯛など）
……2切れ
塩、こしょう……各適量
玉ねぎ……¼個
にんじん……¼本
白舞茸……1パック
オリーブオイル……適量
セロリの葉……適量
白ワイン……½カップ
生クリーム……¼カップ
アンチョビペースト……小さじ½〜1
タイム（あれば）……適量

作り方
❶ 白身魚は1切れを2〜3等分に切り、塩、こしょうをふる。玉ねぎは薄切り、にんじんはせん切り、白舞茸は食べやすく裂く。
❷ フライパンにオリーブオイルを中火で熱し、にんじん、玉ねぎの順に塩少々をふって炒める。
❸ しんなりした野菜の上に白身魚をのせ、白舞茸をかぶせるようにのせたら、セロリの葉を散らし、白ワインを入れてフタをする。沸騰したら弱火にして、5分ほど軽く煮る。
❹ 魚に火が通ったら生クリームとアンチョビペーストを加えてひと煮立ちさせ、こしょうで調味する。皿に盛り、好みでタイムをあしらう。

ベリージャムのパルフェ

メレンゲと泡立てた生クリームを合わせたベースだから、のんびりと食べ進めても、溶けてしまうことがありません。

材料（作りやすい分量）
卵白……1個分
グラニュー糖……大さじ1
塩……ひとつまみ
生クリーム……50ml
リキュール（グランマニエなど）……小さじ½
レモン汁……小さじ1
ベリー系のジャム……大さじ2〜3
ミントの葉（飾り用）……適量

作り方
❶ ボウルに卵白を入れ、グラニュー糖と塩を一度に入れてハンドミキサーで泡立て、ツヤのあるしっかりとしたメレンゲを作る。
❷ 別のボウルに生クリームとリキュールを入れ、八分立て程度にふんわりと泡立てる。
❸ ❶のボウルに❷とレモン汁を入れてゴムベラでさっくり合わせ、ジャムを加えてさっと混ぜる。冷凍OKの容器に移し、冷凍庫でしっかりと冷やし固める。
❹ 器に盛り、ミントの葉を飾る。

Scean 6 特別な日のふたりディナー
春うららのお花見ごはん

Today's MENU
- 洋風ちらし寿司
- はまぐりのマヨネーズソース焼き
- たけのこの白味噌焼き
- 花麩とわかめのお吸い物
- どら焼き風サンドデザート

Spring

ふたりで迎える春、今年で何度目になるでしょうか。
美しく咲き誇る桜を、また一緒に見られることが嬉しくて、
お花見気分の晩ごはんを作ってみました。
テーブルの真ん中においたお重のフタを開けたとき
「わ、おいしそう!」と、喜んでくれる顔が見たくって、
華やかに賑やかに、彩りよく具材を散らします。
シックな塗りものの器使いをメインに、
お寿司の取り皿には、ブルーの花柄が上品な白磁を合わせて。
桜の季節にぴったりの春らしいコーディネート、
こんな和のテーブルも気に入ってもらえると、嬉しいな。

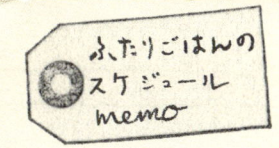

ふたりごはんのスケジュールmemo

前日の夜
- 寿司酢の材料を合わせる。
- どら焼き風サンドの皮を焼く。

当日時間のあるとき
- ちらし寿司の薬味を準備して、冷蔵庫へ。
- ご飯を炊いて寿司酢と合わせ、器に盛り込む。
- たけのこと調味料を和える。
- どら焼き風サンドデザートを仕上げて、冷蔵庫へ。

直前に
- ちらし寿司を仕上げる。
- はまぐりのマヨネーズソース焼きを作る。
- たけのこをグリルで焼く。
- お吸い物を仕上げる。

洋風ちらし寿司

ちょっとモードに塩でいただくちらし寿司です。
コンサバティブな味がお好みならば、おしょうゆで。

材料（作りやすい分量）
生ハム（小さめのスライス）……12〜15枚
アボカド……1個
レモン汁……大さじ½
長いも……4〜5cm
大葉……3枚
みょうが……1本
芽ねぎ……適量
塩……適量

酢飯
ご飯（ややかために炊く）……2合分
A | 酢……大さじ4
　 | 砂糖……大さじ2
　 | 塩……小さじ1
白炒りごま……大さじ1と½
刻みのり……適量

作り方

❶ アボカドは小さな角切りにして、レモン汁をふる。長いもは小さな角切り、大葉は色紙切り、みょうがは小口切りにする。Aをよく混ぜ合わせて寿司酢を作る。

❷ ご飯にAを回しかけ、しゃもじで手早く切るように混ぜる。白炒りごまも加えて全体に混ぜたら、器に平らに盛り、刻みのりを散らす。

❸ 長いもとアボカドを表面に散らし、軽く塩をふる。生ハムを花のようにくるりと巻いてバランスよくのせたら、大葉、みょうが、芽ねぎを散らす。

春うららのお花見ごはん

はまぐりのマヨネーズソース焼き

生クリームがなければ、牛乳でのばしてもいいし、
マヨネーズだけをダイレクトにのせて焼いてもかまいません。

材料（2人分）
はまぐり……6個
白ワイン……大さじ2
マヨネーズ……大さじ2
生クリーム……大さじ½
粉チーズ……適量
木の芽……適量

作り方
① はまぐりは海水程度の塩水に浸して砂を吐かせ、流水でよく洗って、フライパンに入れる。白ワインをふり、フタをして中火にかけ、口が開いたら火を止める。身のついていない方の殻をハサミなどで切り落とす。
② マヨネーズと生クリームをよく混ぜてはまぐりに適量ずつのせ、粉チーズをふる。耐熱皿などにのせ、190℃に予熱したオーブンでこんがりと焦げ目がつくまで焼く。器に盛り、木の芽をあしらう。
● オーブントースターで焼いてもOK。

Spring

たけのこの白味噌焼き

白味噌とはちみつの甘みに、ごま油で香りづけ。
こんがりと焼けた白味噌の香ばしさが身上の一品です。

材料（2～3人分）
茹でたけのこ……小1本
A ┃ 白味噌……大さじ2
　┃ はちみつ……大さじ½
　┃ ごま油……小さじ1

作り方
❶ Aをボウルに入れてよく混ぜる。茹でたけのこを食べやすい大きさに切って和え、1時間以上おく。
❷ ❶をアルミ箔などにのせ、魚焼きグリルで焦げ目がつくまで焼く。
● オーブントースターで焼いてもOK。

花麩とわかめのお吸い物

白だしの分量は加減して、
好みに合わせた濃さの吸い地を用意してくださいね。

材料（2人分）
白だし……大さじ1と小さじ½
水……1と½カップ
花麩……4個
手毬麩……10個
乾燥わかめ……小さじ1

作り方
❶ 鍋に白だしと水を入れて中火にかけて沸騰させ、花麩、手毬麩、乾燥わかめを加えてさっと混ぜ、火を止める。
● ここでは簡単に白だしを使いましたが、薄口しょうゆ、塩、酒適量で味を調えただし汁を使っても。

どら焼き風サンドデザート

いろいろなクリームやジャムにも合うプレーンな生地です。
残った分は翌日のおやつに。冷凍保存も可能です。

材料（7～8枚分）
卵……1個
きび砂糖……15g
塩……ひとつまみ
牛乳……25ml
みりん……小さじ1
太白ごま油……大さじ½
薄力粉……50g
ベーキングパウダー……小さじ¼
サラダ油……少々
生クリーム……適量
粒あん……適量

下準備
● 卵は室温に戻す。

作り方
❶ ボウルに卵をほぐし、きび砂糖、塩、牛乳、みりん、太白ごま油を順に加え、泡立て器でその都度静かによく混ぜる。薄力粉とベーキングパウダーを合わせてふるい入れ、なめらかになるまで静かに混ぜる。
❷ フライパンにサラダ油を熱し（始めのみ）、❶を適量ずつ流し入れ、直径8cm程度の円形に広げて両面を色よく焼く。
❸ ❷が冷めたら、ふんわりと泡立てた生クリーム、粒あんをはさむ。

scean チ

特別な日のふたりディナー
七夕イタリアンディナー

Today's MENU
- かぼちゃとにんじんのフレッシュサラダ
- アクアパッツァ
- 焼きアスパラガスの
  クリーミーエッグソース
- ティラミス

Summer

「ねぇ、知ってる？　天の川にかかるふたりの架け橋はね、
翼を広げたカササギという鳥なの。
だからね、雨が降ると、カササギが翼を広げられなくて、
織姫と彦星の再会が果たせなくなるの」
テーブルをはさみ、そんな話をしながら
7月7日だけは雨を連れてこないでと、
梅雨の晴れ間を祈ります。
しとしと雨が降ったとしても、せめて心は晴れるよう、
今年の七夕の夜には、目にも賑やかなアクアパッツァを。
そして、短冊には、いつまでもいっしょにいられますようにと、
願いを寄せて。

> ふたりごはんの
> スケジュール
> memo
>
> 前日の夜 ● ティラミスを作る。
>
> 当日
> 時間の
> あるとき
> ● サラダのかぼちゃとにんじんを準備して、冷蔵庫へ。
> ● アクアパッツァのあさりを砂抜きし、野菜と調味料もそれぞれ用意して、冷蔵庫へ。
> ● アスパラガスを焼いてお皿に盛り、ソースも作る（焼き立てを食べるなら、ソースのみ作る）。
>
> 直前に
> ● サラダを仕上げる。
> ● アクアパッツァを仕上げる。
> ● アスパラガスのお皿を仕上げる。

かぼちゃとにんじんのフレッシュサラダ

かぼちゃとにんじんのせん切りは、スライサーや
せん切り機能のあるフードプロセッサーがあれば、ぜひ活用を。

材料（2～3人分）
かぼちゃ……1/8個
にんじん……1/2本

A
　塩……小さじ1/2
　オリーブオイル……大さじ2
　レモン汁……大さじ1/2
　こしょう……少々

B
　しょうゆ……小さじ1/4
　砂糖……小さじ1/2

フリルレタス……適量

作り方
❶　かぼちゃとにんじんはそれぞれスライサーでせん切りにする。かぼちゃのみ水にさらす。Aをよく混ぜてドレッシングを作る。
❷　にんじんはAの1/2量で和える。かぼちゃは水気を切って残りのA、Bと和える。
❸　❷と彩りのフリルレタスを皿に盛り合わせる。

Summer

アクアパッツァ

本来は1尾丸ごとで作るものですが、
作りやすく食べやすく"おうちごはん"らしく、切り身のお魚を使いました。

材料（2～3人分）
白身魚（鯛、すずき、さわらなど）
……3切れ
塩、こしょう……各適量
にんにく……1片
オリーブオイル……大さじ2
A ┃ あさり……150～200g
  ┃ プチトマト……5～6個
  ┃ アンチョビ……2切れ
  ┃ グリーンオリーブ……5～6個
  ┃ ケイパー……大さじ½
白ワイン……¾カップ
しょうゆ……小さじ½
イタリアンパセリ……適量

作り方

❶ あさりは海水程度の塩水に2～3時間浸して砂を吐かせ、流水でよく洗う。白身魚は1切れを2～3等分に切り、軽く塩、こしょうをふる。プチトマトは2等分、にんにくとアンチョビは粗めのみじん切りにする。

❷ 鍋にオリーブオイルとにんにくを入れ、弱火にかける。いい香りが立ったら、白身魚を皮目から入れて中火で表面をこんがりと焼き、Aを散らす。白ワインを注いでフタをし、あさりの口が開いて魚に火が通るまで8～10分ほど加熱する。

❸ しょうゆを加えてこしょうで調味し、ちぎったイタリアンパセリを散らす。

七夕イタリアンディナー

焼きアスパラガスのクリーミーエッグソース

アスパラガスは蒸してもおいしい。茹で卵の代わりに
とろりと火を入れたスクランブルエッグバージョンも試してみて。

材料（2〜3人分）
アスパラガス……6本
茹で卵……1個
A ┃ マヨネーズ……大さじ2
　┃ 生クリーム……大さじ½
　┃ ディルのみじん切り
　┃ 　……小さじ1
塩、こしょう……各適量
オリーブオイル……適量
ディル（飾り用）……適量

作り方
❶　アスパラガスは根元を1〜2cm程度切り落とし、皮のかたい部分をピーラーなどで薄くむく。フライパンにオリーブオイルを熱し、中火でこんがりと焼く。
❷　茹で卵はざく切りにし、Aと合わせて塩、こしょうで調味し、ソースを作る。
❸　❶を皿に盛り、❷のソースをのせてディルをあしらう。

材料（12cm角の器　1台分）

スポンジ生地
薄力粉……15g
卵白……1個分
卵黄……1個分
グラニュー糖……20g
塩……ひとつまみ
生クリーム……大さじ1

クリーム
マスカルポーネチーズ……60g
グラニュー糖……大さじ1
卵黄……½個分
生クリーム……50ml

エスプレッソなど濃いめにいれたコーヒー……適量
仕上げ用のココアパウダー……適量

下準備
● 天板にオーブンシートを敷く。
● オーブンを180℃に予熱する。

作り方
❶　スポンジ生地を作る。ボウルに卵白を入れて、グラニュー糖と塩を少しずつ加えながらハンドミキサーで泡立て、ツヤのあるしっかりとしたメレンゲを作る。卵黄を加えて混ぜたら、薄力粉をふるい入れ、ゴムベラで手早くかつ丁寧に混ぜる。最後に生クリームを加え、均一に混ぜる。
❷　❶をオーブンシートを敷いた天板の上に流し、カードなどで約18cm角に広げ、180℃のオーブンで8〜9分焼く。焼き上がって粗熱が取れたら、乾燥しないようラップをかけて冷ます。
❸　クリームを作る。ボウルにマスカルポーネチーズを入れ、グラニュー糖、卵黄を順に加え、その都度泡立て器でよく混ぜる。生クリームを加え、ふんわりと泡立てる。
❹　仕上げる。スポンジ生地を約3cm角に切り分け、コーヒーに浸して、器に敷く。その上に❸のクリームをのせる。同じようにして、スポンジ生地、クリーム、スポンジ生地の順に重ね、最後にココアパウダーをふる。

ティラミス

お皿に取り分けず、スプーンでそのまますくって
仲良く一緒に食べたい、ふたりのティラミスです。

35

Scean 8

特別な日のふたりディナー
元気が出る夏のスパイシー献立

8月、さんさんと照りつける太陽のエネルギッシュさに逆行して、
まとわりつくような暑さにパワーダウンしてしまいそうになる、夏が大の苦手な私。
そんな私に自らカンフル剤を。
さまざまな効能があるスパイスをふんだんに効かせたお料理で、パワーアップ。
笑顔をキープできますようにと、元気の出るチキンのスパイス煮です。
クールなモノトーンのテーブルをふたりで楽しく囲めば、
ついダレてしまいがちな気分も、
緩やかに、だけど確実に、ピリッと引き締まるはず。
大好きな人の笑顔からも力をもらって、
このひと夏を元気に乗り切ろうと思うのでした。

Today's MENU

- 赤玉ねぎとミックスビーンズのサラダ
- チキンのスパイス煮
- ブロッコリーのフリット
- ヨーグルトクリームと
  フルーツのデザートカップ

Summer

赤玉ねぎとミックスビーンズのサラダ

豆はひよこ豆だけでシンプルに作るのも好きです。
赤玉ねぎがなければ普通の玉ねぎでもちゃんとおいしい。

材料（2人分）
赤玉ねぎ……1/6個
ミックスビーンズ（水煮）
……1パック（50g）
A
　酢……小さじ1
　しょうゆ……小さじ1
　オリーブオイル……大さじ1
　砂糖……ひとつまみ
　塩、こしょう……各適量

作り方
❶ 赤玉ねぎは繊維にそって薄切りにし、水にさらす。
❷ ボウルにAを入れてよく混ぜ、水気を切った❶とミックスビーンズを加えて和える。

ふたりごはんのスケジュールmemo

前日の夜
- 赤玉ねぎと豆のサラダを作る。
- 鶏肉を漬けダレに漬け込む。

当日 時間のあるとき
- ブロッコリーを切って、冷蔵庫へ。
- フリットの衣をボウルに合わせる。
- デザートの生クリームを泡立てて冷蔵庫へ。

直前に
- チキンのスパイス煮を焼く。
- ブロッコリーのフリットを揚げる。
- デザートを仕上げる。

37

Summer

チキンのスパイス煮

スパイスの分量をあれこれ試してみるのも面白いお料理です。
残ったタレは野菜の素揚げを合わせて、新たな一品に。

材料（2人分）
鶏もも肉……大1枚
A
　プレーンヨーグルト……¾カップ
　牛乳……¼カップ
　顆粒ブイヨン……1本
　クミンパウダー……大さじ½
　コリアンダーパウダー……大さじ½
　ターメリック……大さじ½
　パプリカパウダー……大さじ½
　カレー粉……小さじ2
　おろししょうが……小さじ1
　おろしにんにく……小さじ1
オリーブオイル……適量
しょうゆ……小さじ1
バター……10g
黒こしょう……適量
パセリのみじん切り……適量

作り方
❶　鶏肉は余分な脂肪を除き、大きめに食べやすく切る（6等分くらい）。Aをボウルに入れてよく混ぜ、鶏肉を加え、2時間以上漬け込む。
❷　フライパンにオリーブオイルを熱し、鶏肉の表面を皮目から強めの中火で両面をこんがりと焼く。ボウルに残った漬けダレを加えてフタをし、沸騰したら弱火にして15分ほど煮込む。しょうゆとバターを加え、好みで黒こしょうをふる。
❸　器に盛ってパセリを散らす。

いつもうちの冷蔵庫にある、小岩井乳業のプレーンヨーグルト。酸味が穏やかで、丸い味わいのなめらかなヨーグルトです。そのままでも、お菓子やお料理にも。

元気が出る夏のスパイシー献立

ブロッコリーのフリット

ほこほこのブロッコリーとさっくり軽い衣。
塩には抹茶やカレー粉を混ぜてもよく、マヨネーズで食べてもいい。

材料（2〜3人分）
ブロッコリー……1株
A｜薄力粉……40g
　｜ベーキングパウダー……小さじ¼
　｜砂糖……小さじ¼
　｜塩……ひとつまみ
卵……1個
牛乳……大さじ2
揚げ油……適量
塩、レモン……各少々

作り方
❶　ブロッコリーは小房に分け、大きいものは食べやすく切る。
❷　ボウルにAを入れて泡立て器でよく混ぜ、卵と牛乳を加え、なめらかに混ぜる。
❸　ブロッコリーを❷につけながら、中温（約170℃）の油でこんがりと揚げる。塩やレモンなどでどうぞ。

ヨーグルトクリームとフルーツのデザートカップ

泡立てた生クリームとヨーグルトを
合わせただけの簡単デザート。
ヨーグルトの水分が出るので、食べる少し前に用意して。

材料（2〜3人分）
生クリーム……50ml
グラニュー糖……大さじ1
好みのリキュール（あれば）……小さじ¼
プレーンヨーグルト……120g
オレンジ……適量
ブルーベリー……適量
ミントの葉（飾り用）……適量

作り方
❶　ボウルに生クリームを入れてグラニュー糖とリキュールを加え、泡立て器で八分立て程度にふんわりと泡立てる。プレーンヨーグルトを加え、ざっと混ぜる。
❷　器に❶、フルーツ、❶の順に重ねて入れ、フルーツとミントの葉を飾る。

Congratulation

記念日に焼く
ケーキバリエーション

大切な記念日を手作りの小さなケーキでお祝いしてみませんか？
スポンジケーキ、チョコレートケーキ、タルト、チーズケーキの4種類、
アレンジのきくシンプルなレシピをご紹介します。

スポンジケーキ

直径10cm、手の平サイズのとても小さな型で焼きました。スポンジ生地もクリームもプレーン、真っ白に覆ったホワイトチョコレートにラズベリーの赤がよく映えます。削りチョコをブラックにしたり、フルーツを変えたり、ジャムをはさんだりして、いろいろなアレンジを。

ホワイトチョコレートとラズベリーのケーキ

材料（直径10cmの丸型　1台分）
スポンジ生地
薄力粉……25g
卵白……1個分
卵黄……1個分
塩……ひとつまみ
グラニュー糖……30g
生クリーム……小さじ2

シロップ
水……大さじ1
グラニュー糖……小さじ½
好みのリキュール……小さじ½

クリーム
生クリーム……90ml
グラニュー糖……小さじ½
好みのリキュール……小さじ½

削ったホワイトチョコレート（市販）……適量
ラズベリー……適量
ミントの葉（飾り用）……少々

下準備
● 薄力粉はふるう。
● 型にオーブンシートを敷く。
● オーブンを170℃に予熱する。

作り方
❶ スポンジ生地を作る。ボウルに卵白を入れてざっとほぐし、塩とグラニュー糖を一度に加え、ハンドミキサーで泡立ててツヤのあるしっかりとしたメレンゲを作る。卵黄を加えて混ぜる。
❷ 薄力粉をふるい入れ、ゴムベラで手早くかつ丁寧に混ぜる。ツヤが出てなめらかになったら、生クリームを加えて全体に混ぜる。型に流し入れ、170℃のオーブンで20分ほど焼く。型から外し、ケーキクーラーに取って冷ます。
❸ シロップを作る。水とグラニュー糖を合わせて電子レンジで加熱して溶かし、冷めたらリキュールを加える。
❹ クリームを作る。ボウルに生クリーム、グラニュー糖、リキュールを入れ、泡立て器で七〜八分立てにふんわりと泡立てる。
❺ 仕上げる。スポンジを横3枚にスライスし、1枚を台の上におく。表面にシロップをハケで塗り、その上にクリームを塗り、ラズベリーを散らす。2枚目のスポンジの表面にもシロップを塗り、その面を下にして1枚目のスポンジの上に重ねる。同様にして、シロップ、クリーム、ラズベリー、シロップを塗った3枚目のスポンジを重ね、全体にクリームを塗って覆う。削ったホワイトチョコレートを表面にまぶしつけ、ラズベリーとミントを飾る。

チョコレートケーキ

パウンド型で焼いたこんなシンプルなガトーショコラも、シックで大人らしい。トップにくるみやアーモンド、ピスタチオなどのナッツを散らして、ハッピーバースデーのチョコレートプレートをのせ、粉砂糖をかければ、ちょっと素敵なバースデーケーキにもなります。

パウンドショコラ

材料（約17.5×5.5cmのミニパウンド型　1台分）
製菓用チョコレート（セミスイート）……60g
バター（無塩）……40g
卵……1個
グラニュー糖……30g
A ┃アーモンドパウダー……15g
　 ┃ココアパウダー……5g
　 ┃塩……ひとつまみ
製菓用チョコレート（セミスイート・仕上げ用）……10g

下準備
● 卵は室温に戻す。
● Aは合わせてふるう。
● 製菓用チョコレートは細かく刻む。
● 型にオーブンシートを敷く。
● オーブンを160℃に予熱する。

作り方
❶ 耐熱のボウルにチョコレート（60g）とバターを入れ、電子レンジか湯煎にかけて溶かす。合わせたAを加え、泡立て器でなめらかに混ぜる。
❷ 別のボウルに卵を入れてグラニュー糖を加え、ハンドミキサーでふんわりと泡立てる（持ち上げた生地が落ちたときに積もるくらい）。❶のチョコレート生地を加え、チョコレートの筋が見えなくなるまで手早くかつ丁寧に混ぜる。型に流し入れ、160℃のオーブンで25分ほど焼く。
❸ 仕上げ用のチョコレートを電子レンジか湯煎にかけてなめらかに溶かし、絞り出し袋や小さなビニール袋に入れる。袋の先を小さく切って冷ましたケーキの表面にラフに絞り、飾りつける。

タルト

季節の旬をふんだんに味わえる、フルーツのタルトです。空焼きしたタルト台にカスタードクリームを詰め、フレッシュなフルーツを盛り込んで。春先には露地物のいちご、夏には爽やかな柑橘類、秋にはぶどうやいちじく、冬には栗やナッツをのせてもおいしい。

シトラスタルト

材料(直径12cmのタルト型　1台分)
タルト生地
薄力粉……50g
グラニュー糖……10g
バター(無塩)……20g
溶いた卵……10g
塩……ひとつまみ

クリーム
グラニュー糖……25g
コーンスターチ……大さじ1
牛乳……70ml
卵黄……1個分
バター(無塩)……5g
生クリーム……30ml
好みのリキュール……小さじ1

オレンジ、グレープフルーツ……各適量
ミントの葉(飾り用)……適量
粉砂糖……適量

下準備
● タルト生地用のバターは約1cm角に切って冷蔵庫に入れる。

作り方
❶ タルト生地を作る。フードプロセッサーに薄力粉、グラニュー糖、塩を入れ、軽く回してふるう。バターを加え、スイッチのオンとオフを繰り返してさらっと混ざったら、卵を加える。スイッチのオンとオフを繰り返し、しっとりとまとまりかけたら取り出す。平らにまとめてラップで包み、冷蔵庫で30分以上休ませる。
❷ 打ち粉(分量外の薄力粉)をふった台に出し、めん棒で2～3mm厚さに丸くのばして型に敷き込む。底面にフォークで穴をあけ、ラップをかけて冷蔵庫で30分以上休ませる。
❸ オーブンを180℃に予熱する。❷にオーブンシートを敷き、重石をのせて、180℃のオーブンで20分ほどこんがりと焼く。ケーキクーラーに取って型のまま冷ます。
❹ クリームを作る。電子レンジ加熱OKのボウルにグラニュー糖とコーンスターチを入れて混ぜ、牛乳を加えてよく溶かす。電子レンジで1分30秒～2分加熱し、軽く沸騰したら取り出す(途中1～2度出して混ぜるとよい)。卵黄を加えてよく混ぜ、軽く沸騰するまで電子レンジで30秒～1分加熱する。バターを加えてよく混ぜ、ボウルの底を氷水に当て、混ぜながら冷ます。別のボウルに生クリームとリキュールを入れ、八分立て程度に泡立てたものを加え、さっくりとゴムベラで合わせる。
❺ 仕上げる。タルト台に❹のクリームを入れ、小さくカットしたオレンジ、グレープフルーツを適量のせる。好みでミントの葉を飾り、粉砂糖をふる。

生地を手で作る場合
ボウルに室温に戻したバター、グラニュー糖、塩を入れて、泡立て器ですり混ぜる。卵を加えてよく混ぜ、ふるった薄力粉を加えてゴムベラでさっくりと混ぜ、生地をまとめて冷蔵庫へ。以降は上の❷からと同じ。

チーズケーキ

くしゅっと焼けた佇まいが何ともキュートなチーズケーキ。きめ細かに泡立てたメレンゲを加えた生地だから、軽やかでまろやかな食べ心地です。粉砂糖と食用バーベナだけの簡素なデコレーションが、チーズケーキの可愛らしさを一段と際立たせます。

ハニーホワイトチーズケーキ

材料（直径10cmの底の取れる丸型 1台分）
クリームチーズ……60g
生クリーム……30ml
はちみつ……大さじ1
薄力粉……10g
レモン汁……小さじ½
卵白……1個分
グラニュー糖……15g
塩……ひとつまみ

土台
ダイジェスティブビスケット……25g
バター（無塩）……10g

粉砂糖、食用花……各適量

下準備
- クリームチーズは室温に戻す。
- 型の側面にオーブンシートを敷く。
- オーブンを150℃に予熱する。

作り方

❶ 土台を作る。ビスケットを厚手のビニール袋に入れ、めん棒で叩いたり転がしたりしながら細かく砕く。電子レンジなどで溶かしたバターを加えてもみ混ぜ、型の底にしっかりと敷き詰める。ラップをかけて、冷蔵庫に入れておく。

❷ ボウルにクリームチーズを入れて、泡立て器でクリーム状に混ぜ、生クリーム、はちみつ、薄力粉、レモン汁を加え、なめらかに混ぜる（フードプロセッサーなどで一度に混ぜてもよい）。

❸ 別のボウルに卵白を入れて、塩とグラニュー糖を一度に加え、ハンドミキサーでとろりときめ細かなメレンゲ（六～七分立て程度）を作る。ゴムベラで❷と合わせて型に入れ、150℃のオーブンで40～45分ほど焼く。

❹ 型のまま冷蔵庫でしっかりと冷やしてから取り出し、好みで粉砂糖をふって花を飾る。

column 1　調味料について①　About Seasoning & spice

調味料の味わいは、お料理のおいしさにダイレクトに反映するものと感じています。
だからこそ、自分の目と舌の感覚で吟味して、少しのこだわりを持って選びたい。
この本で使った調味料や愛用の逸品を、2ページに分けて（後半はp.60）ご紹介します。

色、辛み、旨み、結晶の大きさなど、さまざまに違ったものが存在する奥深い塩の世界。天然のものを5〜6種類常備して、気分や用途で使い分けています。

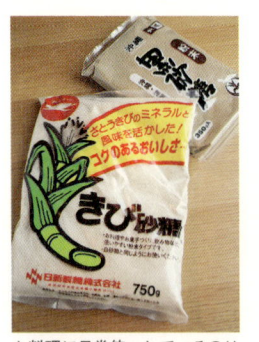

お料理に日常使いしているのは、きび砂糖。コクがあって、まろやかでナチュラルな甘さを持ちます。また、黒砂糖やザラメで煮物などを作ることも。

しょうゆは濃い口を使っています。かきや昆布などの風味がついたしょうゆも好きで、普通のしょうゆと置き替えて料理にも使用します。

「飲んでもおいしいみりん」と定評のある、白扇酒造の福来純三年熟成本みりん。いろいろ試して、ここ数年ずっと落ち着いてこちらを愛用しています。

お酢は、酸味がまろやかで旨みのあるものが好みです。入手しやすい村山造酢の千鳥酢をメイン使いに、甘口の齋藤造酢店の玉姫酢も偏愛の1本。

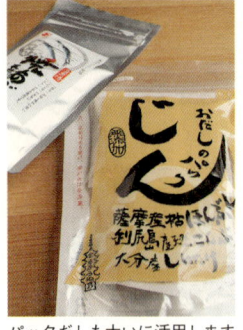

パックだしも大いに活用します。上品ないいおだしが簡単に取れる、うね乃の「おだしのパックじん」は、だしがらで作るふりかけも美味。

自家製めんつゆもときどき作りますが、市販のめんつゆも便利でおいしいので冷蔵庫に常備しています。この本で使ったのは、3倍希釈の市販のめんつゆです。

オーガニックフーズジャパンのかつおだし、微細顆粒タイプ。だしを取る時間さえ惜しいときや、だしの風味がお料理に少し欲しいときなどに重宝。

ドライなブイヨンは、馴染みやすくて溶けやすい顆粒タイプを愛用しています。5g小分け包装が使いやすい、マギーの化学調味料無添加コンソメ。

ユウキ食品の顆粒ガラスープ。化学調味料無添加で、あっさりとしながらもチキンの旨みがたっぷり。中国料理以外でも鶏ガラ風味が欲しいときに。

コクがあって芳醇なごま油、山田製油と松本製油のものを現在手もとに置いています。香りのない太白ごま油は竹本油脂のもので、サラダ油代わりに。

オリーブオイルは加熱にも非加熱にもエキストラバージンを使用。香りや味わい、価格もさまざまなので、2〜3本常備して使い分けています。

part 2

デイリーごはんをもっと楽しく！

ごちそう気分の毎日ごはん

Today's MENU

- 鶏むね肉の蒸し煮、
  わさびチーズソース
- 大根と水菜のサラダ
- ホタテときゅうりのグラス

デイリースペシャル 1

新鮮な若鶏でチキンの蒸し煮献立

何かと慌ただしい毎日だから、スーパー1軒でのお買い物が日常なのだけれど、
時間に余裕のある日には、新鮮な食材を専門店で購入したいと思っています。
安心で安全なものが手に入るうえ、お店の方に食材についての豆知識や
おいしい調理法を教えてもらえることが、嬉しいんですよね。
今日はスーパーの帰りに鶏肉屋さんへ寄って、おすすめの朝引き肉をお買い上げ。
「8割方火を通したしゃぶしゃぶでもいけるよ」と教わった
きれいな淡いピンク色の鶏むね肉を、白ワインと水でやわらかく蒸し煮にして、
わさびを効かせたちょっぴり大人味のチーズソースを合わせてみました。

鶏むね肉の蒸し煮、わさびチーズソース

あっさりと淡白な鶏むね肉を、クリーミーなチーズ味で。
わさび代わりにゆずこしょうでもいいし、シンプルに黒こしょうで仕上げても。

材料（2人分）
鶏むね肉……1枚（約250g）
塩、白こしょう……各適量
クリームチーズ……50g
白ワイン……¼カップ
水……大さじ2
おろしわさび……小さじ1
パセリのみじん切り……大さじ1
ベビーリーフ……適量

作り方
❶ 鶏肉は食べやすい大きさにそぎ切りし、塩、こしょうをふる。クリームチーズは室温においておく。
❷ フライパンに鶏肉、白ワイン、水を入れてフタをし、中火にかける。沸騰したら、弱火にして2〜3分加熱し、火を止めてそのまま10分ほどおき余熱で火を通す。
❸ 鶏肉を取り出し、クリームチーズとおろしわさびを加え、弱火で混ぜながらなめらかに溶かす。鶏肉を戻して温め、パセリを加える。
❹ 皿に盛り、ベビーリーフを添える。

大根と水菜のサラダ

大根は食べやすいよう半月に切りましたが、
丸のまま焼いて、ミルフィーユのように重ねてもおしゃれです。

材料（2人分）
大根……2〜3cm
水菜……1〜2株
オリーブオイル……適量
塩、黒こしょう……各適量
しょうゆ……少々

作り方
❶ 大根は約3mm厚さの半月切りにする。水菜は食べやすい長さに切る。
❷ フライパンにオリーブオイルを熱し、大根の両面を中火でこんがりと焼く。
❸ 皿に大根と水菜を、塩をパラリとふりながら段々に重ねる。オリーブオイルを回しかけ、しょうゆをたらし、黒こしょうをふる。

ホタテときゅうりのグラス

甘くてとろみのあるホタテのお刺身に、
小さく角切りにしたきゅうりのコリコリ食感が、楽しいグラスです。

材料（2人分）
ホタテ貝柱……4〜5個
きゅうり……1本
ゆずの皮の細切り（あれば）
……少々
A│オリーブオイル……大さじ1
 │白だし……小さじ1弱
 │ゆずこしょう……小さじ½
 │砂糖……ひとつまみ

作り方
❶ ホタテ貝柱は小さく刻む。きゅうりはごく小さな角切りにする。
❷ ボウルにAを入れてよく混ぜ、ホタテ貝柱を加えて和える。きゅうりとホタテをグラスに交互に重ね、ゆずの皮をあしらう。

デイリースペシャル ②
おいしいパンを囲むテーブル

いつものパン屋さんの、バタールとプチパンとくるみパンを
トレイにのせながら、お魚ときのこと冷たいスープが食べたいな、と
思いついて作ったメニューです。
毎日のテーブルを気負いなく楽しいものにしてくれる、
家から"ちょっと自転車で"の圏内にある、お気に入りのパン屋さん。
フルーツを入れたヨーグルトとたっぷりのカフェオレに
クロワッサンをさっくりと温め直して、なんて思うと
朝起きるのが楽しみになるし、
ちょうど焼き上がったばかりのバゲットが買えた日には、
バゲットをおいしく食べる晩ごはんにしようと、
献立を考えるのも楽しくなります。

Today's MENU

- サーモンのソテー、
  フレッシュベジソース
- マッシュルームのオーブン焼き
- グリーンピースの冷製ポタージュ

サーモンのソテー、フレッシュベジソース

イタリアンミックスハーブで調味した、野菜たっぷりのカラフルソースは、チリパウダーを使ってメキシカンに風味づけするのもおすすめ。

材料（2人分）
鮭……2切れ
パプリカ（赤・黄）……各½個
ピーマン……1個
トマト……小1個
玉ねぎ……⅛個
A｜オリーブオイル……大さじ1と½
　｜レモン汁……小さじ1
　｜塩……小さじ½
　｜砂糖……ひとつまみ
　｜イタリアンミックスハーブ……小さじ1
塩、こしょう……適量
オリーブオイル……適量
イタリアンパセリ……適量

作り方
❶ パプリカとピーマンは粗いみじん切りに、トマトは小さめのざく切りにする。玉ねぎは粗いみじん切りにして水にさらし、水気を切る。
❷ ボウルにAを入れてよく混ぜ、❶を加えてソースを作る。
❸ 鮭は1切れを3等分にし、塩、こしょうをふる。フライパンにオリーブオイルを熱し、弱めの中火で鮭を皮目からこんがりと両面を焼く。
❹ 器に❷のソースをたっぷり敷き、鮭をのせて、イタリアンパセリをあしらう。

マッシュルームのオーブン焼き

マッシュルーム、にんにく、玉ねぎの旨みが溶け込んだオイルだから、パンで拭って、最後まできれいに味わいたくなります。

材料（2人分）
マッシュルーム……8～10個
玉ねぎ……¼個
にんにく……½片
オリーブオイル……大さじ3
塩……小さじ¼
黒こしょう……適量
パセリのみじん切り……適量

作り方
❶ マッシュルームは軸を除き、軸側を上にして耐熱皿に並べる。マッシュルームの軸、玉ねぎ、にんにくは、それぞれみじん切りにする。
❷ 鍋にオリーブオイルとにんにく、玉ねぎを入れて弱火にかける。いい香りが立ち、色づいてきたら、マッシュルームの軸を入れてさっと炒め、塩、黒こしょうを加える。
❸ マッシュルームのくぼみに❷をのせ、180℃に予熱したオーブンで20分ほどこんがりと焼き、好みでパセリを散らす。

グリーンピースの冷製ポタージュ

パンのあるテーブルには、スープがあるとやっぱり嬉しい。
ミルクグリーンのやさしい色を、ガラスのカップで目でも楽しんで。

材料（2～3人分）
グリーンピース（冷凍）……200g
玉ねぎ……¼個
オリーブオイル……適量
A｜水……1カップ
　｜顆粒ブイヨン……½本
　｜塩……小さじ¼
B｜牛乳……½カップ
　｜生クリーム……¼カップ
塩、こしょう……各適量
生クリーム（仕上げ用）……適量

作り方
❶ 玉ねぎはみじん切りにする。鍋にオリーブオイルを熱し、玉ねぎに塩ひとつまみを加えて弱めの中火でしんなりと炒め、グリーンピースを加えてさっと炒め合わせる。
❷ Aを加え、煮立ったらアクを除いて弱火で10分ほど煮る。
❸ ❷の粗熱が取れたらミキサーにかけてピュレ状にし、Bを加えてなめらかになるまで回す。味をみて、塩、こしょうで調味し、冷蔵庫でしっかりと冷やす。器によそい、好みで生クリームを落とす。

デイリースペシャル 3
ほっとする和食でお疲れさまごはん

おしゃれさよりも何よりも、ほっと和んでくつろげる空間と食卓。
それが、おうちごはんでいちばん大切なもの。
外ではきびきびと仕事をする男性が、
ついうっかりこぼしてしまう、弱い部分。
みんなの知らない可愛い一面を見せてくれると、
心を許してくれてるのね、と、嬉しくなったりもする私です。
そんなところを引き出すための（笑）、今夜の食卓。
しみじみとしたおいしさがハートにしみ込む簡素な和食を、
作り手の温もりが感じられる土ものの器で。
「キミの作るごはんがいちばん」と、
言葉にして言われなくても、そう思ってもらえたなら、しあわせ。

Today's MENU
- 鶏肉とさつまいものしょうが煮
- おぼろ豆腐の温泉卵のせ
- いんげんのごま和え
- 漬け物サラダ

鶏肉とさつまいものしょうが煮

残った煮汁は、うどん、刻んだ油揚げ、ねぎを入れて温め、卵を落として半熟に加熱。翌日のひとりのお昼のお楽しみです。

材料（2～3人分）
鶏もも肉……大1枚
さつまいも……1本
しょうが……½片
サラダ油……適量
A │ 黒砂糖……大さじ2
　│ しょうゆ……大さじ2
　│ 酒……大さじ3
水……適量

作り方
❶ 鶏肉は余分な脂肪を除き、食べやすい大きさに切る。さつまいもはひと口大に切って水にさらす。しょうがは薄切りにする。
❷ 鍋にサラダ油を熱し、鶏肉、しょうが、さつまいもを順に中火で炒め合わせる。Aと水をひたひたに加え、沸騰したらアクを除き、落としブタをして弱火で20分ほど煮る。

● 黒砂糖がなければお手持ちの砂糖を使って作ってください。

おぼろ豆腐の温泉卵のせ

やわらかなお豆腐とふるふるの卵。
間違いなくおいしいテッパンの組み合わせ。

材料（2人分）
おぼろ豆腐……½丁
温泉卵……2個
めんつゆ……適量
万能ねぎのみじん切り……適量

作り方
❶ おぼろ豆腐を軽く水切りし、器に盛る。温泉卵をのせ、めんつゆをかけて、万能ねぎを散らす。

漬け物サラダ

きゅうりや長いもを小さく切って加え、軽やかな歯応えを足しても美味です。

材料（作りやすい分量）
なす……1本
万願寺唐辛子……2本
しば漬け……大さじ2
大葉……2～3枚
塩昆布……大さじ½
しょうゆ……大さじ1

作り方
❶ なすは小さめの角切りにして水にさらす。万願寺唐辛子としば漬けは細かく刻む。大葉はせん切りにする。
❷ 水気を切ったなすと、そのほかの材料をすべてボウルに入れ、混ぜ合わせる。

いんげんのごま和え

黒のすりごまで和えるとまた雰囲気の違った一品に。

材料（2人分）
いんげん……1パック
水……大さじ1
塩……少々
A │ しょうゆ……大さじ½
　│ 砂糖……小さじ½
　│ 白だし……小さじ¼
すりごま……大さじ1

作り方
❶ いんげんは筋を取り、3cm長さに切る。電子レンジ加熱OKの器に、水と塩と共に入れ、ざっと混ぜる。ラップをふわりとかけ、3分ほど加熱する。
❷ ボウルにAを入れてよく混ぜ、❶、すりごまを順に加えて和える。

51

デイリースペシャル ❹
「がんばって!」のパワフルディナー

大きなプロジェクトを抱えていたり、大切なプレゼンを前にした彼に。
緊張の糸を解いてあげたい落ち着いたテーブルとは逆に、
元気に満ち溢れるような献立でエールを送るならば、
お肉をメインにした、こんなパワフルなテーブルはいかが?
がっつりスペアリブ、真っ赤なトマトに鮮やかな緑のほうれん草、
そして最後に炊き立ての白いご飯を、おいしいオイルで。
赤は人にやる気や活力を与えてくれる色だから、
キッチンに漂う空気もハッピーになればいいなと、
身に着けるエプロンは、キュートな赤いチェリー柄を選んで。
「応援してるよ、がんばってね」のメッセージ、伝わりますように。

Today's MENU
- スペアリブのオーブン焼き
- ほうれん草とトマトのサラダ
- ごぼうとベーコンの
  ピリ辛オリーブオイル

スペアリブのオーブン焼き

キウイの酵素が肉質をやわらかくしてくれます。
漬けダレに浸しながら焼くので、しっとりジューシーなスペアリブに。

材料（2～3人分）
スペアリブ……400g
キウイ……1個
A
 しょうゆ……大さじ3
 酢……大さじ1
 はちみつ……大さじ1
 ウスターソース……大さじ1
 トマトケチャップ……大さじ2
 白ワイン……大さじ2
 おろしにんにく……小さじ1

作り方
❶ キウイは皮をむいてざっとつぶし、Aと合わせて漬けダレを作る。スペアリブを入れ、冷蔵庫で一晩漬け込む。
❷ ❶を室温に戻し、漬けダレごと耐熱バットなどに並べる。200℃に予熱したオーブンで途中、2～3度返しながら30分ほど焼く。

ほうれん草とトマトのサラダ

ただ洗って切るだけ、シンプルな調味料でいただくサラダ。
こっくりとしたおかずに合わせるなら、こんなお皿がぴったり。

材料（2人分）
サラダほうれん草……1パック
トマト……2個
塩、こしょう……各適量
レモン……適量
オリーブオイル……適量

作り方
❶ サラダほうれん草とトマトを食べやすく切って、皿に盛る。
❷ オリーブオイルを回しかけ、塩、こしょうをふり、レモンを搾る。
● ごぼうとベーコンのピリ辛オリーブオイルで食べてもおいしいです。

ごぼうとベーコンのピリ辛オリーブオイル

ご飯がすすむ、食べるオリーブオイルです。
韓国唐辛子の量はお好みで加減を。お豆腐にもよく合います。

材料（作りやすい分量）
ごぼう……½本
ベーコン……2～3枚
にんにく……1片
オリーブオイル……大さじ4
A
 塩……小さじ¼
 砂糖……小さじ¼
 しょうゆ……小さじ2
 韓国唐辛子……大さじ½
B
 フライドオニオン……大さじ2
 すりごま……大さじ1

作り方
❶ ごぼう、ベーコン、にんにくは、それぞれ粗みじんに切る。
❷ 鍋にオリーブオイル大さじ1とにんにくを入れて、弱火にかける。いい香りが立ったら、ごぼうとベーコンを加えて中火でしっかりと炒め、Aを加えてよく混ぜる。
❸ 火を止めてBを加えて混ぜ、粗熱が取れたら残りのオリーブオイルを加える。

辛さの中にも旨みが感じられる韓国唐辛子。
辛みもマイルドなので、国籍を問わずさまざまなお料理に使っています。

デイリースペシャル ❺
おつまみいろいろ献立

Today's MENU
- ペッパーミニッツステーキ
- 長いもと玉ねぎのグリル
- 赤キャベツのマリネサラダ
- パリパリチーズ
- アンチョビトースト

翌日がお休みの金曜日や土曜日。
時間を気にすることなく語り明かせる夜には、
簡単なおつまみをいくつか用意して、ワインを開けて。
今週あった、いろいろなことの報告会。
お料理が足りなくなったら、バゲットも残ってるし、
冷蔵庫と相談しながらカナッペでも作りましょう。
簡単なパスタを少し、最後にお腹に入れてもいい。
お酒はあまり得意ではない私も、
おいしいものをつまみつつ、
他愛ないおしゃべりにふける時間は大好きだから、
ワインはちょっぴりにして、黒い烏龍茶で付き合います（笑）。

ペッパーミニッツステーキ

黒こしょうをたっぷりとまぶし、さっと焼きました。
塩、レモン、わさびしょうゆなど、お好みの味を添えて、どうぞ。

材料（2人分）
牛ステーキ肉
……小1枚（約100g）
塩、黒こしょう……各適量
プチトマト……2個
ベビーリーフ……¼パック
オリーブオイル……適量

作り方
① 室温に戻した牛肉の表面に塩をふり、粗挽きの黒こしょうをたっぷりとまぶす。プチトマトは縦4つに切る。
② フライパンにオリーブオイルを熱し、牛肉の表面を強めの中火でさっと焼く。少し休ませてから切り分けて皿に盛り、ベビーリーフとプチトマトをあしらう。

長いもと玉ねぎのグリル

こんがりとした焼き色も、
美味なる調味料のひとつです。
焦らずにじっくりと焼いて。

材料（2人分）
長いも……4〜5cm
玉ねぎ……小1個
オリーブオイル……適量
塩……適量

作り方
① 長いもは皮のまま約1cm厚さにスライスする（ひげ根が気になる場合は、直火であぶって焼ききる）。玉ねぎは横約1cm厚さに切り、バラバラにならないよう爪楊枝を刺してとめる。
② フライパンにオリーブオイルを熱し、長いもとたまねぎの両面を中火でこんがりと焼いて、塩をふる。

赤キャベツのマリネサラダ

赤キャベツの鮮やかな赤紫は、
テーブルの花になります。

材料（2人分）
赤キャベツ……¼個
A ┃ レモン汁……小さじ2
　 ┃ はちみつ……小さじ2
　 ┃ 塩……小さじ½
　 ┃ オリーブオイル……大さじ1
　 ┃ こしょう……適量

作り方
① 赤キャベツはせん切りにして、熱湯でさっと茹でてザルにあげる。
② ボウルにAを入れてよく混ぜ、①の水分をぎゅっと絞って加え、和える。

パリパリチーズ

ちぎって電子レンジにかけるだけ、
あっという間に一品完成。
削ったパルミジャーノで作ると
さらにおいしい。

材料（2人分）
溶けるスライスチーズ……2枚
炒りごま（白・黒）……各適量

作り方
① スライスチーズは1枚を6等分にし、オーブンシートに間隔を空けて並べる。炒りごまをのせ、電子レンジで1〜2分、チーズがとろけて軽く色づくまで加熱する。

アンチョビトースト

にんにくのすりおろしで
ガーリックトーストにしても、
ワインがすすみます。

材料（2人分）
細めのバゲット……10cm
バター……30g
アンチョビペースト……小さじ½
タイム……適量

作り方
① バゲットは約1cm厚さにスライスする。室温に戻したバターとアンチョビペーストをよく混ぜてバゲットに塗り、魚焼きグリルかオーブントースターでこんがりと焼く。器に盛り、タイムをあしらう。

Today's MENU
- 鶏肉としめじと焼きねぎの小鍋仕立て
- 赤ピーマンの梅肉和え
- たらと水菜のグラタン風

デイリースペシャル 6

からだが温まるぽかぽかメニュー

少し肌寒さを感じる秋から、冬本番の1月、2月。
心もからだも温まるような、やさしい和風のお料理が恋しくなります。
食べ応えのある鶏もも肉を、しめじ、ねぎと一緒にあっさり味に煮て、
でき上がったら、お鍋ごと食卓に運びます。
たらと水菜をしつこさのないクリームグラタン風に仕立て、
箸休めには、赤ピーマンを梅肉とめんつゆで和えたものを。
お腹が満たされてほっと和んだら、食事を締めくくるコーヒータイム。
今夜はハンドドリップで、ゆっくりと丁寧にいれましょうか。

鶏肉としめじと焼きねぎの小鍋仕立て

長ねぎの焼き色と香ばしさがおいしさアップのポイント。
ゆずやすだちの香りとも合うし、しょうがを添えると体がいっそう温まります。

材料（2〜3人分）
鶏もも肉……大1枚
しめじ……1パック
長ねぎ……2本
A ┃ だし汁……1と½カップ
　 ┃ 酒……¼カップ
　 ┃ 塩……小さじ½
しょうゆ……大さじ½
太白ごま油……少量
みつば……適量

作り方
❶ 鶏肉は余分な脂肪を除き、食べやすい大きさ（8等分くらい）に切る。しめじは食べやすく裂き、長ねぎは約4cm長さのぶつ切りにする。
❷ 鍋に太白ごま油を熱し、長ねぎの表面を中火でこんがりと焼く。鶏肉としめじ、Aを加え、沸騰したらアクを除く。フタをし、弱火で10分ほど静かに煮て、しょうゆを加える。
❸ 器に盛り、好みでみつばを添える。

赤ピーマンの梅肉和え

赤ピーマンの甘みと梅干しの酸味が調和した小鉢です。
電子レンジにかけず、フライパン焼きバージョンもおすすめ。

材料（2人分）
赤ピーマン……2個
オリーブオイル……小さじ1
A ┃ 梅干し……1個
　 ┃ めんつゆ……小さじ1
　 ┃ 砂糖……ひとつまみ
貝割れ大根……適量

作り方
❶ 赤ピーマンは細切りにする。梅干しは種を除き、包丁でたたく。
❷ 電子レンジ加熱OKの器に赤ピーマンを入れ、オリーブオイルをまぶして、電子レンジで2分ほど加熱する。Aと和えて器に盛り、貝割れ大根をあしらう。

たらと水菜のグラタン風

サラダや煮浸しによく使う水菜、たまにはこんな食べ方も。
牛乳の代わりに豆乳で作ってもいいですね。

材料（2人分）
たら……2切れ
水菜……½パック
長ねぎ……½本
強力粉……大さじ½
牛乳……½カップ
白だし……小さじ1
塩……小さじ¼
太白ごま油……適量
粉チーズ……適量

作り方
❶ たらは1切れを2〜3等分に切って、ザルに並べる。熱湯を回しかけて臭みを除き、水を回しかけて身を締める。
❷ 水菜は約3cm長さに切る。長ねぎは斜め薄切りにする。
❸ フライパンに太白ごま油を熱し、長ねぎを弱めの中火で炒める。強力粉をふってよく炒め、牛乳を少しずつ入れて溶きのばし、たらと水菜を加えてさっと混ぜる。白だしと塩で調味し、弱火で5分ほど火を通す。
❹ ❸を太白ごま油を塗った耐熱容器に入れて、粉チーズをふり、230℃に予熱したオーブンで10分ほど焼く。

デイリースペシャル
「いつもありがとう」の気持ちを包んだ定番ごはん

本当に何でもない献立だけど、
今日のお料理には、ありがとうの気持ちがたくさん詰まっています。
そばにいてくれてありがとう。
私のくだらない話を笑って聞いてくれてありがとう。
私の小さな変化に気づいてくれてありがとう。
寄りかからせてくれて、支えてくれてありがとう。
いつもいつも、やさしさをありがとう。
きっと好きだろうなと思って作ってみた、今夜のごはん。
「これ、おいしいね」と言ってもらえたことがとても嬉しくて、
何度も何度も作りたくなる定番メニューのひとつになりました。

Today's MENU
- かぼちゃの黒酢しょうゆ焼き
- 豆苗とひき肉のスープ
- 牛肉と舞茸の混ぜご飯

かぼちゃの黒酢しょうゆ焼き

黒こしょうをたっぷりと挽けば、ビールがすすむおつまみに。
甘いかぼちゃのおかずが苦手な彼にも、食べてみてほしいな。

材料（2～3人分）
かぼちゃ……1/8個
ごま油……大さじ1と1/2
A ┃ 黒酢……大さじ1/2
　 ┃ しょうゆ……大さじ1

作り方
① かぼちゃは食べやすく2～3つに切り分けてから5mm厚さの薄切りにする。
② 大きめのフライパンにごま油を熱し、かぼちゃを重ならないように入れて、弱めの中火で両面をこんがりと焼く。火が通ったらAを加えてからめる。

豆苗とひき肉のスープ

豆苗1パックは多いかな？と思いつつ、野菜は多い方が
体が喜びます。辛みを加えるなら、ラー油をたらしてみて。

材料（2人分）
合びき肉……80g
豆苗……1パック
長ねぎ……1/2本
ごま油……適量
塩、こしょう……各少々
A ┃ 酒……大さじ1
　 ┃ 水……2カップ
　 ┃ 顆粒鶏ガラスープ
　 ┃ ……小さじ2
しょうゆ……大さじ1/2
片栗粉……小さじ2

作り方
① 豆苗は約3cm長さに、長ねぎは薄切りにする。
② 鍋にごま油を熱し、合びき肉を入れて塩、こしょうをふり、中火で炒める。長ねぎと豆苗を順に加えて炒め合わせ、Aを加える。煮立ったらアクを除き、しょうゆを加え、大さじ1の水（分量外）で溶いた片栗粉でとろみをつける。

牛肉と舞茸の混ぜご飯

山椒の佃煮がおいしいアクセント。たっぷりめが好みです。
残った分は、おにぎりにしたり、お弁当に詰めたり。

材料（作りやすい分量）
牛こま切れ肉……200g
舞茸……2パック
しょうが……1/2～1片
オリーブオイル……適量
塩、こしょう……各少々
酒……大さじ2
しょうゆ……大さじ2と1/2
バター……20g
温かいご飯……2合分
山椒の佃煮……適量
万能ねぎ……適量

作り方
① 牛肉はざっとほぐす。舞茸は食べやすい大きさに裂き、しょうがはみじん切りにする。
② フライパンにオリーブオイルを熱し、牛肉を入れて塩、こしょうをふり、さっと炒める。酒をふり、しょうがと舞茸を順に加えて炒め合わせる。しょうゆとバターを加え、水分が底に少し残るぐらいまで炒める。
③ ご飯に②を入れて、しゃもじでさっくりと混ぜ、山椒の佃煮を散らし、2～3cm長さに切った万能ねぎをあしらう。

column 2 調味料について②　　　　　　　　　　　　　　　　　　　About Seasoning & spice

調味料は長持ちするからといって開封後長期間おき過ぎると、風味や質の劣化は避けられません。
ですから、密閉容器やボトルにほどよい量を詰め替えながら使ったり、
少量のもの、小分けパックなどを求め、おいしいうちに使い切りたいと思っています。

私のお料理に必須の黒こしょう。挽き立てがいちばんなので、ホールをミルに詰め替えて。白こしょう、ピンクペッパー、ミックスペッパーも常備しています。

創味食品とフンドーキンの白だし。薄めるだけで、味の決まった品のよいおだしになります。煮物や鍋物、炊き込みご飯やお吸い物、だし巻きにも。

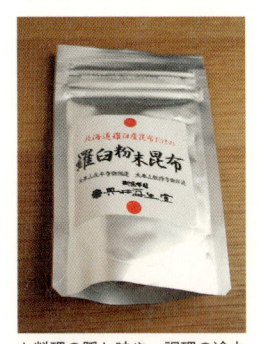

お料理の隠し味や、調理の途中や最後に昆布の風味を入れたいときなどに便利な粉末昆布。野菜の即席漬けにもひと振りすると、旨みが増します。

レモン果汁って、少量だけ欲しい場合が多いもの。こんな瓶詰果汁が冷蔵庫にあれば、レモンを切らしたときや、生を搾るのがもったいないときに便利です。

お肉やお魚に塗って焼いたり、煮込みソースのアクセントにしたり、ドレッシングやサンドイッチに塗ったり。粒マスタードも手離せない調味料のひとつです。

オイスターソースは、カキの旨みが凝縮された中国料理になくてはならないソースです。今使っているのは、富士食品工業とエスビー食品の李錦記。

ピリッとした辛みが爽やかなゆずの香りに包まれたゆずこしょうは、ゆずと青唐辛子と塩で作られています。洋風料理や中国料理にもよく合います。

レシピにあるおろしわさび、おろししょうが、おろしにんにくは、生をわざわざすりおろさずに、チューブのものでOK。

甘口でマイルドな味わいのぽん酢しょうゆ。チョーコー醤油のかけぽんは、もうずいぶん前にお友達に教えてもらって以来、溺愛しています。

独特の甘い香りと風味がある紹興酒。中国料理には必ずこれを使っています。日本酒の代わりに和食に加えて、ニュアンスの変化を楽しんだりも。

バルサミコ酢はブドウのお酢を熟成させたもので、深い色や甘みを持ちます。びっくりするお値段のものもありますが、普段使いなら安いもので十分。

かたくちいわしを塩漬け、熟成、発酵させ、オイルに漬けたアンチョビ。塩気の効いた個性的な風味と旨み。ペースト状になったチューブ入りも重宝。

60

Part 3

遅くなってごめんね！の
30分で作る
すぐできメニュー

すぐできディナー ① 豚肉と白菜のにんにく味噌煮メニュー

今夜は帰るのが遅くなりそう。
そんな日には、出掛ける前にちょっとひと仕事。
お鍋に豚肉と白菜とねぎを重ねて、冷蔵庫へ。
ついでに調味料も合わせておいて、冷蔵庫へ。
こうしておけば、帰宅後の夕食準備がスムーズです。
お鍋を出して、調味料を回しかけてフタをし、コンロにかけて。
煮ている間に火を使わない副菜を仕上げれば、
あっという間に3品完成。
メインのにんにく味噌煮は、ご飯もお酒もすすみます。
調味料に加えるお酒は、ビールを飲むなら紹興酒で、
日本酒や焼酎を飲むなら日本酒で作ってみて。

Today's MENU
- 豚肉と白菜のにんにく味噌煮
- ザーサイとねぎのせ豆腐
- きゅうりの即席漬け

豚肉と白菜のにんにく味噌煮

辛みの豆板醤の量は、お好みで加減して。
翌日、人と会う予定のある夜ならば、にんにくの代わりにしょうがで。

材料（2人分）
豚薄切り肉……250ｇ
白菜……¼個
長ねぎ……1本
A
　味噌……大さじ2
　豆板醤……小さじ½
　しょうゆ……大さじ2
　紹興酒……¼カップ
　みりん……大さじ1と½
　おろしにんにく……大さじ½
ゆずの皮のすりおろし（あれば）
……少々

作り方
❶ 豚肉は長さを半分に切り、白菜は食べやすい幅に切る。長ねぎは斜め薄切りにする。
❷ 鍋に長ねぎ、豚肉、白菜を順に重ね、同じようにもう一度重ねる。Aをよく混ぜて回しかけ、フタをして中火にかける。煮立ったら弱火にし、15分ほど煮る。
❸ 好みでゆずの皮のすりおろしを散らす。

ザーサイとねぎのせ豆腐

豆腐、ザーサイ、ねぎは、あらかじめ混ぜてしまってOKです。
小鉢に入れたら、食べやすく小さなスプーンを添えましょう。

材料（2人分）
豆腐……½丁
ザーサイのみじん切り……大さじ3
万能ねぎのみじん切り……大さじ3
ごま油……小さじ2
しょうゆ……適量

作り方
❶ 軽く水切りした豆腐を器に盛り、ザーサイ、万能ねぎを順にのせる。ごま油と、好みでしょうゆをたらす。ざっくりと混ぜながらいただく。

きゅうりの即席漬け

和えたらすぐに食べられる即席漬けですが、
味が馴染んだ頃もおいしいので、時間があれば前日に作っても。

材料（作りやすい分量）
きゅうり……1本
長ねぎ……¼本
A
　塩……小さじ⅓
　ごま油……大さじ½
　塩昆布……大さじ½
　砂糖……ひとつまみ

作り方
❶ きゅうりはビニール袋に入れてめん棒で叩き、食べやすい大きさに手でちぎる。長ねぎはみじん切りにする。
❷ ❶をボウルに入れ、Aを加えて和える。

Today's MENU
- 牛肉とセロリのクリーム煮
  ＋にんじんご飯
- 小エビと枝豆と
  角切り野菜のサラダ

すぐできディナー❷
牛肉とセロリのクリーム煮メニュー

食卓でひときわ大きなスペースを占めるテーブルクロスは、
ふわりと掛けたとき、テーブルの印象を一瞬でガラリと変える力を持っています。
そんな変化が楽しくて、いろいろな色のクロスを集めてしまいました。
使い勝手のよい無地のものがほとんどで、
数少ない柄ものの中、いちばん目を惹くのが、この日に選んだクロス。
ビビッドな紫の大きな花柄が、少ない品数のテーブルも
パッと華やかに、楽しげに見せてくれます。
頻ぱんには使わない、ちょっと特別感のあるようなクロスを
普段の何でもない日にさらりと掛けてみるのも、気分が上がっていいものです。

牛肉とセロリのクリーム煮＋にんじんご飯

セロリは好き嫌いが大きく分かれる野菜だけれど、
クリーム煮にすると食べられる人多数なので、たっぷり1本使いました。

材料（2～3人分）
牛薄切り肉……200g
セロリ……1本
マッシュルーム……6個
オリーブオイル……適量
塩、こしょう……各適量
白ワイン……¼カップ
水……¼カップ
生クリーム……½カップ
しょうゆ……小さじ1
ローズマリー（あれば）……適量
にんじんご飯＊……適量

作り方
❶　牛肉は食べやすい長さに切る。セロリは葉をちぎり、茎は斜め薄切りにする。マッシュルームは5mm厚さの薄切りにする。
❷　鍋にオリーブオイルを熱し、牛肉を入れてやや強めに塩、こしょうをふり、中火でさっと炒める。セロリとマッシュルームを加えて炒め合わせ、セロリがしんなりとしたら白ワインを加える。アルコールが飛んだら水を加えて煮立て、生クリームを加える。好みの濃度になるよう5～10分ほど煮て、しょうゆを加える。
❸　にんじんご飯と共に器に盛り、好みでローズマリーをあしらう。

＊にんじんご飯
にんじん½本をすりおろし、バター10gと共に電子レンジ加熱OKのボウルに入れる。ラップをふわりとかけて2分ほど加熱し、温かいご飯1合分にさっくりと混ぜる。

小エビと枝豆と角切り野菜のサラダ

枝豆は、家で茹でたものだと、もっとおいしい。
小エビはグラムなら80～100g程度、中くらいのものをよく使います。

材料（2～3人分）
小エビ（冷凍）……1カップ
白ワイン……少々
枝豆（冷凍）……100g
プチトマト……5～6個
パプリカ（黄）……½個
A ┃ レモン汁……小さじ1
　 ┃ オリーブオイル……大さじ1と½
　 ┃ 塩……小さじ¼
　 ┃ 砂糖……ひとつまみ
　 ┃ こしょう……適量

作り方
❶　小鍋に水（分量外）と白ワインを入れて沸かし、小エビを茹でる。枝豆は流水で解凍し、さやから出す。プチトマトは4等分、パプリカは小さな角切りにする。
❷　ボウルにAを入れてよく混ぜ、小エビと野菜を入れて和える。

65

すぐできディナー ❸
ハムと野菜の重ね蒸しメニュー

冬から、まだ少し肌寒い春先に、よく作っている重ね蒸し。
中でもこの「ハムと野菜の重ね蒸し」は、特別な材料がいらず
それでいて、滋味に溢れたやさしい味のスープが出るので、
時々ふと、「あ、あれ食べたいな」と恋しくなるメニューのひとつです。
手間と時間をかけ、わざわざ揃えた材料で作るお料理も魅力的だけど、
普段の食卓に常連顔でちょくちょくのぼるのは、こんな何気ないお料理。
気負いのないおいしさは、思いのほかかえって喜ばれるものだし、
作る側と食べる側、両方の心をほっと和ませてくれます。
食事の用意は毎日の連続です。
"ケの日、時々ハレの日"の変化に心を躍らせながら、
ごはん作り、楽しんでいきましょう。

Today's MENU
- ハムと野菜の重ね蒸し
- 長いもの粒マスタードぽん酢和え
- スプラウトのショートパスタ

ハムと野菜の重ね蒸し

キャベツがたっぷり食べられる、スープを兼ねたメイン。
粒マスタードや和辛子を添えて食べてもおいしいですよ。

材料（2人分）
ハム……4〜5枚
キャベツ……¼個
玉ねぎ……¼個
じゃがいも……大1個
白ワイン……大さじ2
A ┃ 水……1と½カップ
　┃ 塩……小さじ¼
　┃ 顆粒ブイヨン……1本
バター……10g
黒こしょう……適量

作り方
❶ ハムは1枚を6等分に切る。キャベツはざく切り、玉ねぎは薄切りにする。じゃがいもは5mm厚さの薄切りにし、水にさらす。
❷ 鍋にキャベツ、玉ねぎ、じゃがいも、ハムを順に重ね、同じようにもう一度重ね、最後にキャベツで覆う。
❸ 白ワインをふり、Aをざっと混ぜて注ぎ、フタをして中火にかける。煮立ったら弱火にして15分ほど煮込み、バターを溶かして、好みで黒こしょうをふる。

長いもの粒マスタードぽん酢和え

サクサク食感の長いもは、火を通さずに食べられるから、
時間のないとき、手早く一品作りたいときに重宝しています。

材料（2人分）
長いも……8cm
A ┃ 粒マスタード……大さじ½
　┃ ぽん酢しょうゆ
　┃ ……大さじ1と½
　┃ ごま油……小さじ1

作り方
❶ 長いもを小さな乱切りにし、よく混ぜ合わせたAと和える。

スプラウトのショートパスタ

小さくくるんとカールした佇まいが可愛いショートパスタ。
オレキエッテって、耳たぶという意味なんですって。

材料（2人分）
ブロッコリースプラウト
……2パック
A ┃ オリーブオイル
　┃ ……大さじ1と½
　┃ 粉チーズ……大さじ2
　┃ 黒こしょう……適量
ショートパスタ（オレキエッテなど）
……100〜120g

作り方
❶ 鍋に湯を沸かし、塩（分量外）を強めに入れてパスタを表示時間通りに茹でる。
❷ ボウルにブロッコリースプラウトとAを入れ、茹で上がった❶を加えて混ぜる。

すぐできディナー ❹
すずきと青菜のレンジ蒸しメニュー

手早くお料理を完成させたいときや、コンロの火が足りないときなど、
電子レンジに大いに助けてもらっています。
今年の春、「viv」というシリコンスチーマーを購入してから、
その重宝さに電子レンジ調理がますます面白くなりました。
この日のお魚も、Due サイズの viv を使ってレンジ蒸しに。
簡単スピードクッキングとは誰にも思わせないような、
ふっくらとした蒸し上がりに大満足なのです。
ブルー＆ホワイトが爽やかな器は、
ロイヤルコペンハーゲンのブルーパルメッテというシリーズ。
数種類を 2 人分ずつ揃えて大切に使っているお気に入りです。

※ viv については p.103 で少しご紹介しています。

Today's MENU
- すずきと青菜のレンジ蒸し
- 厚揚げのごま煮
- サラダ代わりの味噌汁

すずきと青菜のレンジ蒸し

お魚を野菜ではさんで蒸すので、しっとり仕上がります。
昆布の旨みがしみ出た蒸し汁に、すだちやゆずがよく合います。

材料（2人分）
- すずき……2切れ
- 小松菜……2株
- 長ねぎ……½本
- 酒……大さじ2
- 塩昆布……大さじ1
- すだち……適量

作り方
1. 小松菜は4～5cm長さに、長ねぎは斜め薄切りにする。
2. すずきは1切れを3等分ぐらいに切る。ザルなどに並べ、熱湯を回しかけて臭みを除き、水を回しかけて身を締める。
3. 電子レンジ加熱OKの器に小松菜（½量）、長ねぎ（½量）、すずきを順にのせる。塩昆布と残りの長ねぎを順に散らしたら、酒をふり、残りの小松菜で覆う。ラップをふわりとかけ、電子レンジで5分ほど加熱する。
4. 器に盛り、すだちを搾って、どうぞ。

厚揚げのごま煮

しっかりとした甘辛味のごま煮です。
じゃがいもやさつまいも、かぼちゃなんかで作っても美味。

材料（2人分）
- 厚揚げ……小2～3個
- A
  - 水……¼カップ
  - しょうゆ……大さじ1
  - みりん……大さじ1
  - 砂糖……小さじ1
  - 豆板醤……小さじ¼
- 白すりごま……大さじ1
- 木の芽……適量

作り方
1. 厚揚げは食べやすく切る。
2. 鍋にAを入れて中火にかけ、沸騰したら①を入れる。鍋をゆすりながらさっと煮て、白すりごまを加える。器に盛り、好みで木の芽をあしらう。

サラダ代わりの味噌汁

発酵食品の味噌と体が軽くなるたっぷりの野菜が
するりと摂れるこんなお味噌汁は、毎日でも食べたいですね。

材料（2人分）
- 大根……3～4cm
- にんじん……¼本
- きぬさや……8～10枚
- えのきだけ……1パック
- だし汁……2カップ
- 味噌……大さじ2
- ごま油……適量

作り方
1. 大根、にんじん、きぬさやは、それぞれ食べやすい長さのせん切りにする。えのきだけは石づきを落として食べやすい長さに切る。
2. 鍋にごま油を熱し、①を入れて中火でさっと炒め、だし汁を注ぎ入れる。煮立ったらアクを除いて弱火にし、野菜がやわらかくなるまで5分ほど煮て、味噌を溶かす。

Today's MENU
- オイルサーディンの洋風炊き込みご飯
- カリフラワーのポタージュスープ

2皿でも満足ディナー ①
炊き込みご飯とスープのセット

本格的なパエリアは最高においしいものですが、普通のフライパンで作る
カジュアルな雰囲気に溢れた偽物パエリアも（笑）、家庭らしくて大好きです。
加える材料はどんなものでも結構上手くまとまるので、
冷蔵庫に残ったお肉や野菜の総ざらえにもいいメニューだと思います。
野菜を具だくさんに炊き込めるから、これ一品でも安心という気楽さも嬉しい。
ご飯を炊いて蒸らしている間に手が空くので、シンプルなスープを作りました。
スープを注いだのは、器とお揃いのコーヒーカップです。
カップ＆ソーサーは、お茶の時間だけ使うなんてもったいない、
スープやデザートを入れたり小鉢代わりにしたりと、活用しています。

オイルサーディンの洋風炊き込みご飯

炊き上がったら、フライパンごとテーブルに運んで。
チーズを散らして蒸らし、とろけたところにおしょうゆをたらしてもおいしい。

材料（作りやすい分量）
オイルサーディン……1缶
玉ねぎ……½個
ピーマン……2個
ミディトマト……4個
アスパラガス……5本
オリーブオイル……大さじ2〜3
にんにく……1片
米……2合
A ┃ 白ワイン……½カップ
　┃ 水……1と¼カップ
　┃ 顆粒ブイヨン……1本
　┃ しょうゆ……大さじ½
　┃ 塩……小さじ¼
　┃ こしょう……適量
パセリのみじん切り……少々
レモンのくし形切り……適量

作り方
❶ 米はさっと洗って、ザルにあげる。玉ねぎとにんにくはみじん切り、ピーマンは薄い輪切り、ミディトマトは縦に4等分、アスパラガスは穂先4〜5cmを切って縦に2等分し、下の部分は2cm長さに切る。
❷ フライパンにオリーブオイルとにんにくを入れて弱火にかけ、香りが立ったら玉ねぎを入れて中火でしんなりと炒める。アスパラガスの下部分と米を加えて炒め合わせ、Aを加えてさっと混ぜる。油を切ったオイルサーディン、ピーマン、ミディトマト、アスパラガスの穂先部分を散らしてフタをする。
❸ 火を少し強め、沸騰したら弱火にして12分ほど炊き、火を止めて8分ほど蒸らす。
❹ 仕上げにパセリを散らし、レモンを添える。

カリフラワーのポタージュスープ

賑やかな洋風炊き込みご飯には、なめらかで穏やかな味わいの
シンプルなポタージュスープがよく似合います。

材料（2〜3人分）
カリフラワー……小1株
玉ねぎ……¼個
オリーブオイル……適量
A ┃ 水……1カップ
　┃ 顆粒ブイヨン……½本
　┃ 塩……小さじ¼
牛乳……¾カップ
生クリーム……大さじ1〜2
塩、白こしょう……各適量
クルトン（あれば）……適量

作り方
❶ カリフラワーは小さめのざく切り、玉ねぎはみじん切りにする。
❷ 鍋にオリーブオイルを熱し、玉ねぎと塩ひとつまみを入れて中火でしんなりと炒め、カリフラワーを加えて炒め合わせる。Aを加え、沸騰したらアクを除き、フタをして弱火で10分ほど煮る。
❸ 粗熱が取れたらミキサーにかけてピュレ状にし、鍋に戻す。牛乳と生クリームを加えて中火で温め、味をみて塩、こしょうで調味する。器によそい、クルトンを散らす。

Today's MENU
- 鶏肉とチンゲン菜の
 オイスターソース煮込み
- れんこんと薬味の混ぜご飯

2皿でも満足ディナー❷
軽い煮込みと混ぜご飯のセット

お料理は、お鍋ごとテーブルに運ぶスタイルが昔から好きです。
お腹に合わせて食べたい分だけ取り分けられるし、
厚手の材質のもので作れば、温かさもより一層長続き。
お鍋の中で湯気をまとったお料理は、目にもやさしく温かく、
ことのほかおいしそうに見えます。
お鍋の存在感のおかげで、品数が少なくても寂しくないのが素敵。
鶏肉とチンゲン菜を煮込んだ赤いお鍋は、ストウブ社のもの。
テーブルに置いてもスペースを取らない23cmの楕円形は、
2〜3人分の食事を用意するのにぴったりのサイズです。
内側が黒いので、赤でも可愛くなり過ぎないところも好ましく、
つい手に取って、ヘビーユースしています。

鶏肉とチンゲン菜のオイスターソース煮込み

紹興酒がなければ日本酒で、骨付き肉が苦手なら鶏もも肉で。
簡単かつおいしいので、気軽に作ってみてください。

材料（2～3人分）
鶏骨付きぶつ切り肉……400g
A ┃ 紹興酒……大さじ½
　 ┃ しょうゆ……大さじ½
チンゲン菜……2株
春雨……35g
玉ねぎ……½個
しょうが……1片
ごま油……大さじ1～2
B ┃ 紹興酒……¼カップ
　 ┃ 水……¾カップ
　 ┃ オイスターソース
　 ┃ 　……大さじ1と½
　 ┃ 練り状中華スープの素
　 ┃ 　……小さじ2

作り方
❶ 鶏肉はAをもみ込んで下味をつける。チンゲン菜は葉と茎に切り分け、茎を縦4等分にする。玉ねぎは薄切り、しょうがはせん切りにする。
❷ 鍋にごま油を熱し、玉ねぎとしょうがを入れて中火でさっと炒める。鶏肉とチンゲン菜を入れて、春雨をのせ、Bを加えてフタをする。沸騰したら弱火にし、15～20分煮込む。

練りタイプの中華スープの素、味覇（ウェイパァー）。これを使うと、お料理が簡単に確実においしくなるので、ズルいようですが（笑）、手離せません。

れんこんと薬味の混ぜご飯

れんこんは、ごま油やオリーブオイルで焼いても美味。
白米の一部をもち米に替えて炊いたご飯もおすすめです。

材料（作りやすい分量）
れんこん……8cm（200g）
A ┃ 梅干し……大2個
　 ┃ 大葉……8枚
　 ┃ 塩昆布……大さじ2
　 ┃ 白炒りごま……大さじ2
太白ごま油……大さじ1～2
温かいご飯……2合分
塩……適量

作り方
❶ れんこんは1～2cmの角切りにする。梅干しは種を除き、包丁で叩く。大葉はせん切りにする。
❷ フライパンに太白ごま油を熱し、れんこんを入れて中火で炒め、軽く塩をふる。
❸ 温かいご飯に、❷とAを加え、さっくりと混ぜる。

スピードのっけご飯

ペコペコのお腹を素早く満たすことができる、4つの簡単なスピードメニューです。
「今夜は軽くでいいよ」彼のそんな声に応えるなら、軽くてもしっかりご飯で十分満足な一皿を。

❶ 牛肉とトマトのクイックどんぶり

お肉と野菜をめんつゆの和風味でまとめます。
大葉の香りもポイントだけど、代わりにねぎを散らしても。

材料（2人分）
牛こま切れ肉……180g
玉ねぎ……½個
トマト……小2個
大葉……3～4枚
太白ごま油……適量
塩、こしょう……各適量
A｜酒……大さじ2
　｜みりん……大さじ2
　｜めんつゆ……大さじ2
温かいご飯……適量

作り方
❶ 玉ねぎは薄切り、トマトはざく切り、大葉はせん切りにする。
❷ フライパンに太白ごま油を熱し、玉ねぎを中火でしんなりと炒める。牛肉をほぐして加え、軽く塩、こしょうをして炒め、トマトを加えてさっと炒め合わせる。Aを加え、ひと煮立ちさせる。
❸ 器にご飯をよそい、❷をかけて、大葉をのせる。

❷ スモークサーモンと スクランブルエッグのせ

ふわっと焼き上げた卵に、香ばしさをまとった炙りスモークサーモンをのせて。普通のサーモンでも、もちろんおいしい。

材料（2人分）
炙りスモークサーモン……1パック（約50g）
A｜卵……2個
　｜牛乳……大さじ2
　｜塩、こしょう……各少々
オリーブオイル……大さじ2
温かいご飯……適量
パセリのみじん切り、
レモンのくし形切り……各少々
しょうゆ……適量

作り方
❶ ボウルにAを入れ、フォークで泡立てるようによく混ぜる。
❷ フライパンにオリーブオイルを熱し、❶を入れ、まわりが固まってきたら、かき混ぜながらふんわりと火を通す。
❸ 器にご飯をよそい、❷とスモークサーモンをのせ、パセリを散らす。レモンを添え、しょうゆをたらして、どうぞ。

❸ ドライカレー

ベースは合びき肉と玉ねぎだけの、シンプルなドライカレー。トッピングを用意したら、飾るように楽しく散らして。

材料（2人分）
合びき肉……200g
玉ねぎ……½個
おろしにんにく……小さじ½
おろししょうが……小さじ½
白ワイン……大さじ2
A［ カレー粉……大さじ2
　　トマトケチャップ……大さじ2
　　しょうゆ……大さじ1
　　砂糖……小さじ½］
オリーブオイル……適量
塩、こしょう……各適量
温かいご飯……適量

トッピング
茹で卵……2個
ミディトマト……2個
スライスアーモンド……適量
パセリのみじん切り……適量
黒こしょう……適量

作り方
❶ 玉ねぎはみじん切りにする。
❷ フライパンにオリーブオイルを熱して玉ねぎを入れ、塩少々をふって中火で炒める。おろしにんにくとおろししょうが、合びき肉を加え、塩、こしょうをふって炒め合わせ、白ワイン、Aを加えて炒める。
❸ 器にご飯をよそい、❷をのせる。好みでざく切りにした茹で卵とトマト、こんがりとから炒りしたスライスアーモンドをトッピングし、黒こしょうをふって、パセリを散らす。

❹ かじきのバルサミコソテーのせご飯

さんまやぶりで作っても美味。しょうゆと合わせたバルサミコ酢の甘くまろやかな酸味にご飯がすすみます。

材料（2人分）
かじき……2切れ
塩、こしょう……各少々
強力粉……適量
レタス……2～3枚
オリーブオイル……適量
A［ バルサミコ酢……大さじ2
　　しょうゆ……大さじ1と½
　　はちみつ……大さじ½
　　バター……15g ］
温かいご飯……適量
ゆかり……適量
芽ねぎ（あれば）……適量

作り方
❶ かじきは食べやすくそぎ切りし、塩、こしょうをして強力粉をまぶす。レタスは食べやすく切る。
❷ フライパンにオリーブオイルを熱し、かじきを弱めの中火でこんがりと焼く。火が通ったらAを加えてからめる。
❸ ゆかりを混ぜたご飯を器によそい、レタス、かじきを順にのせて、芽ねぎを散らす。

スピードパスタ

うっかりお米を切らしてしまったり、ご飯を炊く時間もおしい夜。買い置きのパスタが強い味方となってくれます。ちゃちゃっと作りたいときのふたりランチにも、ぴったり。

❶ ツナとアボカドの冷製パスタ

こちらのパスタは、うちのヘビーローテーションなひと皿。春から夏によく作りますが、冬に食べる冷製もまた、格別。

材料（2人分）
ツナ……小1缶
アボカド……1個
レモン汁……大さじ½
プチトマト……6〜8個
A ┃ オリーブオイル……大さじ2
　┃ めんつゆ……大さじ½
　┃ 塩、こしょう……各適量
フェデリーニ……160g
ブロッコリースプラウト……適量

作り方
❶ アボカドは2cm角に切ってボウルに入れ、レモン汁をふる。プチトマトは縦4つに切って、ツナと共にアボカドのボウルに入れ、Aを加えて混ぜ、冷蔵庫で冷やす。
❷ 鍋に湯を沸かして塩適量（分量外）を加え、フェデリーニを表示時間より1分長めに茹で、氷水に取って冷やす。水気を切って❶と和え、器に盛り、ブロッコリースプラウトをのせる。

❷ なめたけおろしのパスタ

なめたけと大根おろしにわさびをプラスするのがうちの定番。本わさびを刻んで使うと、かなりグレードアップします。

材料（2人分）
なめたけ（瓶詰）……100g
大根……8cm
スパゲティ……160g
A ┃ めんつゆ……大さじ1
　┃ 太白ごま油……大さじ1と½
　┃ おろしわさび……小さじ1
刻みのり……適量
万能ねぎの小口切り……適量

作り方
❶ 鍋に湯を沸かして塩適量（分量外）を加え、スパゲティを表示時間通りに茹でる。
❷ 大根をすりおろし、なめたけと共にボウルに入れ、Aを加えて混ぜる。スパゲティの湯を切って和え、器に盛り、刻みのりと万能ねぎを散らす。

❸ クリームチーズと黒こしょうのパスタ

パスタを茹でている間に、チーズソースをレンジで作ります。
和えたら、ソースが冷めて固まらないおいしいうちに食べて。

材料（2人分）
クリームチーズ……130g
A ┃ 牛乳……½カップ
　┃ オリーブオイル……大さじ1
　┃ 塩……小さじ¼
スパゲティ……160g
黒こしょう、パセリのみじん切り……各適量
レモンの皮の細切り（あれば）……少々

作り方
❶　鍋に湯を沸かして塩適量（分量外）を加え、スパゲティを表示時間通りに茹でる。
❷　電子レンジ加熱OKのボウルにちぎったクリームチーズとAを入れ、ラップをふわりとかけて、電子レンジで2分ほど加熱する。途中1〜2度取り出して混ぜ、なめらかに溶かす。
❸　スパゲティの湯を切って❷に加えて和える。
❹　器に盛り、黒こしょう、パセリ、レモンの皮を散らす。

❹ あさりとマッシュルーム缶のペンネ

下ごしらえ不要の缶詰を利用して、スピードクッキング。
ペンネを茹で時間の短いパスタに替えると、さらなる時短に。

材料（2人分）
あさりのむき身缶……1缶（125g）
マッシュルーム缶……1缶（85g）
玉ねぎ……¼個
白ワイン……大さじ2
オリーブオイル……適量
A ┃ 生クリーム……½カップ
　┃ しょうゆ……小さじ1
　┃ ゆずこしょう……小さじ½
ペンネ……120g
イタリアンパセリ（あれば）……適量

作り方
❶　鍋に湯を沸かして塩適量（分量外）を加え、ペンネを表示時間より1分短めに茹でる。
❷　フライパンにオリーブオイルを熱し、薄切りにした玉ねぎを中火でしんなりと炒め、缶汁を切ったあさりとマッシュルームを加えて炒め合わせる。白ワインをふってアルコールを飛ばし、あさりの缶汁大さじ2とAを加えて軽く煮詰める。
❸　ペンネの湯を切り❷に入れてよくなじませ、器に盛って、刻んだイタリアンパセリを散らす。

Column 3

アフターディナーのお菓子

食後のお茶時間には手作りのお菓子を添えて、のんびりと過ごしたい。
ふたりきりのひとときを甘くおいしくする、4つの小さなお菓子レシピです。

ホワイトチョコレートのクリームムース

ホワイトチョコを溶かし、生クリームを合わせて
泡立てるだけで作れる、ほんわりとやさしいムースです。

材料（デミタスカップ　2個分）
製菓用ホワイトチョコレート……30g
生クリーム……60㎖
好みのリキュール
（グランマニエなど）……小さじ1
ピスタチオ……適量
粉砂糖……適量

下準備
●ホワイトチョコレートは細かく刻む。

作り方
❶ 電子レンジ加熱OKの容器にホワイトチョコレートを入れ、電子レンジか湯煎にかけて溶かす。ボウルに移し、生クリームを少しずつ加えて泡立て器で静かに混ぜ、全量入ったらリキュールを加える。
❷ ❶を七〜八分立て程度にやわらかく泡立てる。カップに入れて、冷蔵庫でしっかりと冷やす。好みで刻んだピスタチオを散らして、粉砂糖をふる。

くるみとコーヒーのチーズケーキ

気軽に取り掛かれる、ボトムを敷かないレシピです。
小さなパウンド型で焼いて、食べたい厚さに切り分けて。

材料（約17.5×5.5cmの
ミニパウンド型　1台分）
クリームチーズ……100g
サワークリーム……30g
生クリーム……30㎖
グラニュー糖……50g
卵……1個
薄力粉……10g
塩……ひとつまみ
くるみ……50g
インスタントコーヒー（フリーズドライ）
……小さじ2

下準備
●クリームチーズ、サワークリーム、生クリームは室温に戻す。
●型にオーブンシートを敷く。
●くるみは170℃のオーブンで6分ほど空焼きして冷ます。
●オーブンを160℃に予熱する。

作り方
❶ ボウルにクリームチーズとグラニュー糖を入れて泡立て器でクリーム状に混ぜ、サワークリーム、生クリーム、卵、薄力粉（ふるい入れる）、塩を加え、なめらかに混ぜる（フードプロセッサーなどで一度に混ぜてもよい）。
❷ くるみをビニール袋などに入れ、めん棒で叩いて細かく砕いて❶に加え、インスタントコーヒーも加えてゴムベラで全体を混ぜる。型に入れ、160℃のオーブンで30分ほど焼く。ケーキクーラーに取り、粗熱が取れたら型のまま冷蔵庫でしっかりと冷やす。

after dinner sweets

メープルショートブレッド

さっくりほろりと崩れる生地がおいしいショートブレッド。
お砂糖を粉砂糖、黒砂糖、和三盆糖などに替えて焼いても。

材料（5×8cmのオーバル型 3個分）
薄力粉……50g
バター（無塩）……30g
メープルシュガー……15g
塩……ひとつまみ

下準備
- バターを約1cm角に切って、冷蔵庫に入れる。
- 型の内側にバター（分量外）を塗る。
- オーブンを170℃に予熱する。

作り方
❶ フードプロセッサーに薄力粉、メープルシュガー、塩を入れ、軽く回してふるう。バターを加え、スイッチのオンとオフを繰り返し、ひとかたまりにまとまったら取り出す。
❷ 3等分して型に入れ、指で押すなどしてぎゅっと詰める。ところどころ竹串で穴をあけ、170℃のオーブンで20分ほど焼く。ケーキクーラーに取り、粗熱が取れたら型から外して冷ます。

生地を手で作る場合
ボウルに室温に戻したバター、メープルシュガー、塩を入れて、泡立て器ですり混ぜる。ふるった薄力粉を加えてゴムベラでさっくりと混ぜてまとめる。以降は上の❷からと同じ。

ティーショコラ

アールグレイを香らせたガトーショコラです。
コーヒーに合わせるなら、紅茶の葉を入れずに作って。

材料（直径10cmの丸型 1台分）
製菓用チョコレート（セミスイート）……50g
バター……30g
生クリーム……20ml
卵黄……1個分
はちみつ……小さじ1
薄力粉……15g
紅茶の葉……2g
卵白……1個分
グラニュー糖……15g
塩……ひとつまみ

下準備
- 製菓用チョコレートは細かく刻む。
- バターは室温に戻す。
- 紅茶の葉は細かく刻む。
- 型にオーブンシートを敷く。
- オーブンを160℃に予熱する。

作り方
❶ ボウルにチョコレートとバターを入れ、電子レンジか湯煎にかけて溶かす。生クリーム、卵黄、はちみつ、薄力粉、紅茶の葉を順に加え、泡立て器でその都度なめらかに混ぜる。
❷ 別のボウルに卵白を入れてざっとほぐし、グラニュー糖と塩を一度に加え、ハンドミキサーで泡立てて、ツヤのあるしっかりとしたメレンゲを作る。❶を加え、なめらかに混ぜ合わせる。
❸ 型に入れ、160℃のオーブンで25分ほど焼く。

column 4　あると便利なストック食材

About Seasoning & spice

缶詰や瓶詰や袋詰めにされた、保存のきく食材。
いくつか常備しておけば、思いがけなく冷蔵庫が寂しくなったり、
もう一品簡単なものをパパッと用意したいときなどに、大変重宝します。

トマトソースをベースにしたパスタや煮込みに不可欠の、トマトの水煮缶。トマトソースは通年よく作るので、切らすことなくストックしています。

オイルサーディンの缶詰。この本では洋風炊き込みご飯に使用しました。竹中缶詰のオイルサーディンが、私のベスト1です。

淡路島産玉ねぎのフライドオニオン。カリカリの食感は、サラダのアクセント、ピラフやカレーのトッピングに。お料理素材としても使えます。

フェデリーニ、スパゲッティーニ、リングイネを必ず常備。ショートパスタも大好き。お米は切らしてもパスタの買い置きは切らしません。

ほどよい塩味のついた、マジックパールという茹で卵。たまにのぞくスーパーでときおり購入して、卵を茹でるテンションに欠ける日に活用（笑）。

炒りごま、すりごま、練りごまも、なくてはならないもの。オニザキコーポレーションのつきごま、山田製油のごま製品がお気に入り。

キユーピーのひよこ豆、青えんどう、赤いんげん豆ミックスのドライパック。使い切りが好ましい50g入り。ひよこ豆は、水煮缶のほか乾燥豆も常備。

市販のドレッシングもときどき購入して、ラベルの原材料名を見ながら素材と味のお勉強。ですが、家庭ではなかなか出せない味も多いものですね。

塩とごま油で味つけされた韓国海苔。そのままおやつ代わりに食べてもよく、白いご飯やお寿司に、サラダや和え物にも使います。

しあわせな
テーブル作りの
アイデア＆ヒント

お料理ができ上がったら、テーブルにクロスを掛けて、
器やグラス、カトラリーを選び、
心を込めて作ったお料理を丁寧に盛りつける。
小さなお花やキャンドルも、今夜は飾ってみようかな。
食卓まわりのあれこれにも気持ちを配ること。
楽しく心地よく食べてもらいたいという想いは、そのひと皿ひと皿に、
実力以上のおいしさをもたらしてくれるような気がします。
毎日とはいかないけれど、心と時間に余裕が持てた日には、
テーブルをととのえることからはじめてみませんか？

1 基本は白の器

私が基本としているのは、盛りつけたお料理がおいしそうに映え、合わせるテーブルアイテムの個性を選ばない白い器です。白とひと口に言っても、透き通ったよどみのない白、青みやグレーがかった白、クリーム色に近い温かみのある白など、ホワイトのレベルはさまざま。そんな白の世界が楽しくて、飽きることなく使い続けています。

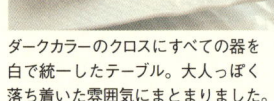

ダークカラーのクロスにすべての器を白で統一したテーブル。大人っぽく落ち着いた雰囲気にまとまりました。

気取りのない普段の和の晩ごはんになら、木のトレイを折敷代わりにし、塗りの汁椀を合わせて。

飾り気のないごくプレーンな白。ほんの少しだけグレーがかっています。タイのロイヤルポーセリン、とてもリーズナブルでした。

リチャードジノリの"ボンジョルノホワイト"。さり気ないフチ飾りが施された、厚手で気取りのないビストロな雰囲気の器です。

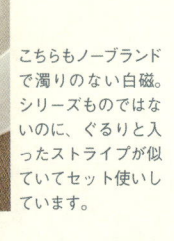

ノーブランドのごくシンプルなボーンチャイナ。大皿+中皿+パスタ皿の4人分セットで、かれこれもう15年選手になります。

いちごとぶどうのレリーフが可憐な、ウェッジウッドの"ストロベリー&バイン"。まろやかな白のボーンチャイナです。

ウェッジウッドのカジュアルライン、クイーンズウェアの"フェスティビティ"は、電子レンジ&食洗機OK。温もりのあるアイボリー。

こちらもノーブランドで濁りのない白磁。シリーズものではないのに、ぐるりと入ったストライプが似ていてセット使いしています。

2 黒・ガラスの器が便利

色のイメージが重くて強いせいか、敬遠されがちな黒の器ですが、実はとても使いやすい。淡色、単色のお料理も、ただ盛るだけで引き立ててくれ、テーブルの印象を引き締める効果もあります。そしてガラスの器も、組み合わせて使う器の和洋中を問わず、クリアな見た目は食卓に軽やかさを与えてくれます。どちらも四季を通して重宝しています。

愛らしいいちごの絵皿をふたりの晩ごはんテーブルに使うなら、下皿の黒で甘さを中和して、ミスマッチを狙います。

器を全て黒で統一し、カトラリーも黒に。アタで編まれたマットを敷いたこんな食卓では、エスニック料理を楽しみたい。

彩りのパセリを散らさずに仕上げた淡色のペンネもおいしそうに。

大葉、なす、きゅうりのグラデーションを黒いお皿が引き立てます。

ドリンク用のグラスも、小鉢代わりにどんどん活用して。

中身の見えるガラスの持ち味を生かしてデザートを清々しく演出。

(左上) 使いやすいシンプルでマットな黒。小皿から大皿まで各種6枚ずつ揃えました。
(右上) ツヤのある黒いお茶碗は、和食にも洋食にも違和感なく使えて便利です。
(左下) 陶器の小さな器。タレやソースを入れたり、お花を活けたりも。

(左上) 卵形の小鉢はひと口前菜にぴったり。
(右上) ガラスのデミカップ&ティーカップにも、お料理やデザートを盛って。
(左下) 洗練された可愛らしさのある、約8cm角のシャープなスクエア小鉢。

3 和食器も楽しい

どんな種類のお料理も、やさしく、そしてどっしりと受け止めてくれる、土ものの和食器。もちろん夏場にも使いますが、やはり秋から冬にかけて、その魅力と威力を存分に発揮するように感じます。手仕事の温もりが生きた懐の深い器が並ぶ食卓の風景は、穏やかにくつろげるもの。癒しのテーブルを作りたいとき、迷うことなく和食器を選んでいます。

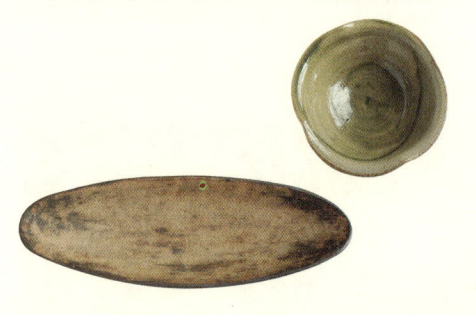

p.54にあるおつまみ献立を和食器に盛りつけると、こんな感じに。お料理はまったく一緒なのに、ガラリと雰囲気が変わります。

下皿にメイン皿と小皿を重ねる洋の略式コーディネートを和皿で。ルールにとらわれない使い方をすると、楽しみも広がります。

ぽってりとした器にお料理を大きく盛って、中央にセッティングし、テーブルをはさんで取り分けながらいただくスタイル。

シルバーの輝きを湛えた渋い黒がとても美しい、ほぼフラットな四角いお皿です。

少し大きめの長方形。イタリアンな前菜をこんな和皿に少しずつ盛ってもカッコいい。

細長い楕円のお皿をトレイに見立てて。小さな器に薬味などを入れて並べます。

こちらはちょっと番外編。和食器にもよく合う、黒い漆塗りの小皿と汁椀です。

4 気分が変わる アンダープレート

座る位置を分かりやすくし、ウェルカムの気持ちを込めてセッティングされるお皿を位置皿と呼びます。レストランではメインの前に下げられるのですが、お皿を重ねることで生まれるよそゆきな空気を気軽に楽しみたくて。位置皿兼アンダープレートという感覚で、大きめのディナープレートを自由に使っています。

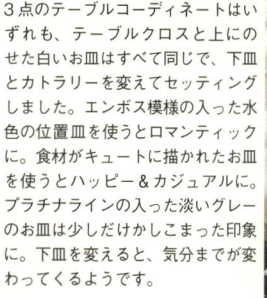

3点のテーブルコーディネートはいずれも、テーブルクロスと上にのせた白いお皿はすべて同じで、下皿とカトラリーを変えてセッティングしました。エンボス模様の入った水色の位置皿を使うとロマンティックに。食材がキュートに描かれたお皿を使うとハッピー&カジュアルに。プラチナラインの入った淡いグレーのお皿は少しだけかしこまった印象に。下皿を変えると、気分までが変わってくるようです。

5 何かと使える 楕円・長方形皿

丸いお皿が多いテーブルにリズムや変化を与えてくれるのが、変形のお皿。楕円や長方形のお皿は、盛りつけを決めやすいだけでなく、狭いダイニングテーブルの上に置いても省スペースで、無駄がありません。メイン料理の盛り皿にも、小さなサイドディッシュにも、めいめいの取り皿にも、何かと使えるかしこい器です。

サラダを何気なくどっさりと盛り込みたい、気さくなムードに溢れた木の楕円皿。パンの盛り皿としてもよく使っています。

5×21cmのとてもスリムな長方形皿。フェタチーズとオリーブのオイル漬けもただ入れただけで、小粋なおつまみに見えてきます。

取り皿を2枚重ねました。前菜的なお料理を上のお皿で。食べ終わったらサッと下げ、メインディッシュを下のお皿に取り分けて。

6 あると便利な器いろいろ

耐熱皿

お鍋の形をした真っ赤なココットで、テーブルをキュートに演出。ストウブのミニココットに、チキンのマスタードクリーム煮を盛りました。

オーブンで焼き上げたとき、電子レンジで温め直したとき、作りたての熱いおいしさをそのまま食卓に出せる、便利な器です。テーブルに置いて絵になるデザインを選べば、コーディネートのアクセントとしても一役買ってくれます。

小皿・豆皿

小さなお料理をちょこちょこっとのせたり、バターやオイル、タレやソース、調味料を入れたりと、小さくても幅広い活躍が期待できます。また、プレートonプレートにも余裕を持って使え、テーブル作りの楽しみをより一層深めてくれます。

ル・クルーゼのストーンウェア。直径10cmの小さな黒いココット。

イタリアの赤土で作られた、ぽってり厚くて温かみのある器。

潔い白がスタイリッシュなレヴォルのベーキングディッシュ。

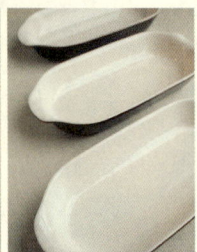

10.5×25cmの長方形。ふたりの食卓にちょうどいいサイズです。

洋の白い豆皿たち。カジュアルな豆皿は、手頃なお値段のものも多く、集めるのが楽しい。100円以下の利口な器、多数です。

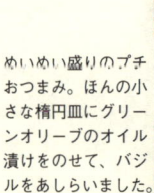

めいめい盛りのプチおつまみ。ほんの小さな楕円皿にグリーンオリーブのオイル漬けをのせて、バジルをあしらいました。

少量の前菜や小鉢ものを盛るのによく使っている四角い小皿。少し深さがあるので、オイルやしょうゆ入れとしても活用。

和の豆皿たち。陶器、磁器、藍の絵付けがあるものなど。こうして並べてみると和の豆皿はやはり、小さくても味があります。

ローズソルト、レイクソルト、ゲランドの塩。3種類の塩を入れて、テーブルへ。テイストの違いの楽しさに、おしゃべりも膨らみます。

パンに添えて出すバターなら、こんな小さな丸いお皿に1人分ずつ詰めても。楕円の小皿を下皿に敷き、バターナイフを添えて。

色柄皿

パッと目を惹く色や柄の、遊び心のある器。白、黒、ガラスが日常使いの食卓に刺激を与え、気持ちを明るくしてくれます。絵皿は飽きるとよくいわれますが、本当に気に入った柄ならば、なかなか飽きることはない。私の実感です。

ビストロやカフェの絵がプリントされた、フランスはレヴォルのお皿。楽しげな柄は、眺めているだけでも嬉しくなります。

カリフォルニア、ローリーゲイツのポップな花柄スクエアプレート。少々重いのですが、気に入って、赤も揃えてしまいました。

ペアカップ

心もお腹も満たされた頃にふたりで楽しむ食後のコーヒーは、お揃いのカップで味わうのが嬉しい。1客ずつをいろいろと、と思いながらも、つい2客、4客の単位で求めてしまうカップ&ソーサー。お気に入りをいくつか、ご紹介します。

ウェッジウッドの金彩が施されていないグレンミストというシリーズ。可憐なポピー柄。

レトロなムード漂うストーンウェア、かなり昔のノリタケ製。温かなココアがお似合い。

アメリカンコレクティブルの耐熱ガラス。カッティングがエレガントな、ミスアメリカ。

華やかな絵柄が美しい中国のデミタスカップ。お誕生日にいただいた大切なカップです。

澄んだ白磁にクラシックで流麗なレリーフ。リチャードジノリのベッキオホワイト。

銅版転写の青の濃淡、伊万里様の縁取りも印象的な、スポードのブルーイタリアン。

リチャードジノリのオリエントエクスプレス。たっぷりと飲みたいときは、マグカップで。

7 カトラリーとクロス

テーブルの表情を一変させ、器やお料理、まわりの雰囲気まで変えてくれる、クロスやランナーやマット。その魔法のような力が面白くて、無地のものを中心にいろいろ集めて楽しんでいます。小さなカトラリーは脇役のようでいて実は、コーディネートを左右する重要なキーパーソン。ステンレスを中心に、木や竹のものも揃えています。

アジアン雑貨のお店に掛かっていた布をテーブルクロスに。

ポリプロピレンのマットなら、汚れてもサッと拭き取ればOK。

テーブルに渡して使う帯状の細長い布、テーブルランナー。

ごくシンプルな細身の竹箸。先端まで細いところがお気に入り。

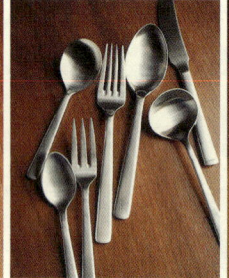

いちばんよく使っているツヤ消しステンレスは、カイボイスン。

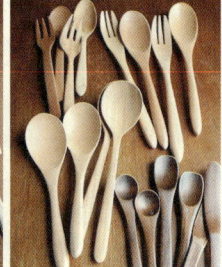

陶器に合わせるなら、カチカチしない天然素材のものがいい。

8 お気に入りのアイテム etc.

なくても困らないけれどあれば嬉しくなるアイテムは、心と暮らしを豊かにしてくれます。物を持ち過ぎないミニマムな暮らしにも憧れますが、気に入った器や台所道具を揃えて選んで使う楽しみや、胸弾ませるものを身近に置き愛でる喜びも、私にとって特別なもの。けれど収納には限りがあるため、本当に必要かどうか熟考するよう心掛けています。

冷蔵庫に住んでいる白クマくん。扉を開ける度、話しかけてきます。

手の平にちょこんとのるくらい小さなガラスのフラワーベース。

レモンウォーターや水出しのお茶などを作って、食卓へ。

食前酒代わりにお茶を出すことが多いため、多種揃えています。

キャンドルを灯してディナーを。炎の揺らぎは人を和ませます。

手にした人の笑顔を誘う、茶目っけのあるスプーン&フォーク。

part 4

しあわせごはん
アラカルト

しあわせごはん｜アラカルト

メインディッシュ

main dish

お肉とお魚で作るメインディッシュを
単品で6種類、ご紹介します。
どれも、簡単でおいしくて、
かしこく見映えもする、
私の大好きなお皿です。
献立に迷ったときなど、何かしらの
ヒントになると、嬉しく思います。
気分に合わせて選んで、
part1～3のメインと置き替えたり、
いつものメニューに加えたりして、
いろいろ作ってみてくださいね。

和風ローストビーフ

牛肉のたたきのような趣きのあるローストビーフを
薄くそぎ切りにして、平らに華やかに盛りつけてみました。

材料（作りやすい分量）
牛かたまり肉……300～350g
A
　しょうゆ……大さじ4
　酢……大さじ3
　酒……大さじ1
　梅干し……1個
オリーブオイル……適量
クレソン、みょうが、大葉などの香味野菜……各適量
黒こしょう、オリーブオイル……各適量

作り方
❶ 梅干しは種を除いてつぶす。Aをタッパーか厚手のビニール袋に合わせ、牛肉を冷蔵庫で一晩漬け込む。
❷ ❶を室温に戻す。フライパンか鍋にオリーブオイルを熱し、牛肉を入れて強めの中火で表面をこんがりと焼きつける。漬け汁を入れ、汁気がほぼなくなるまで、肉を時々返しながら焼く。火から下ろしてフタをし、粗熱が取れるまでそのままおく。
❸ ❷をアルミ箔で包み、冷蔵庫に入れてしっかりと冷やしてから、食べる分量を薄くスライスして皿に盛る。小さくちぎったクレソン、小口切りにしたみょうが、せん切りにした大葉をあしらって、黒こしょうをふる。好みでオリーブオイルをかけても。

鶏肉のはちみつマスタード しょうゆ焼き

鶏肉は焼いてから切り分けると、ごちそう感が増しますが、カットを済ませてから焼く手軽さも家庭では好ましく思えます。

材料（2～3人分）
鶏もも肉……大1枚
塩、こしょう……各適量
オリーブオイル……適量
白ワイン……大さじ2

A
粒マスタード……大さじ1
しょうゆ……大さじ1と½
はちみつ……大さじ1
おろしにんにく……小さじ½

レタス、みつば……各適量

作り方
❶ 鶏肉は余分な脂肪を除き、食べやすく切って塩、こしょうをふる。
❷ フライパンにオリーブオイルを熱し、鶏肉の表面を皮目から中火でこんがりと焼く。白ワインをふってフタをし、弱火で8～10分火を通す。Aを加えて火を少し強め、フライパンを時々揺すりながら、煮からめる。
❸ 皿に盛り、みつばをあしらう。

豚肉のバジルクリーム煮

豚肉にバジルを合わせ、生クリームでまろやかに包みました。バジルの代わりに大葉を使っても、風味よく仕上がります。

材料（2人分）
豚薄切り肉……200g
バジルの葉……10～12枚
塩、こしょう……各適量
オリーブオイル……適量
白ワイン……大さじ2
生クリーム……½カップ
温かいご飯……適量
ローストガーリック（好みで）……適量
バジルの葉（飾り用）……適量

作り方
❶ 豚肉は塩、こしょうをふる。バジルはざっと刻む。
❷ フライパンにオリーブオイルを熱し、豚肉を広げて入れ、両面を中火でさっと焼く。白ワインをふり、アルコールが飛んだら生クリームを加え、軽く煮詰める。バジルを加え、味をみて、塩、こしょうで調味する。
❸ ローストガーリックとオリーブオイル少々を混ぜたご飯と共に器に盛り、バジルをあしらう。

しあわせごはん｜アラカルト

白身魚とトマトソースのオーブン焼き

お魚、なす、トマトソースが好相性。
茹でたマカロニを加えてチーズをかけ、
グラタン風にして焼くと、
これ一品でも満足なメニューに。

材料（作りやすい分量）
- 白身魚（カレイなど）……2切れ
- 塩、こしょう……各適量
- 強力粉……適量
- 玉ねぎ……½個
- ベーコン……2〜3枚
- オリーブオイル……適量
- 白ワイン……大さじ2
- A
  - トマトの水煮缶……1缶
  - 砂糖……ひとつまみ
  - 塩、こしょう……各適量
- なす……1本
- オレガノ（ドライハーブ）……適量

作り方
❶ 玉ねぎは薄切り、ベーコンは細切りにする。
❷ 鍋にオリーブオイルを熱し、❶を中火で炒める。しんなりと炒まったら白ワインをふり、Aを加えて10分ほど煮てトマトソースを作る。
❸ 白身魚は1切れを3〜4等分にし、塩、こしょうをふって強力粉を薄くまぶす。なすは乱切りにする。
❹ フライパンにオリーブオイルを熱し、白身魚となすを入れ、弱めの中火で焼く。
❺ ❹を耐熱皿に入れ、❷を適量かけてオレガノをふり、230℃に予熱したオーブンで10分ほどこんがりと焼く。

ぶりのムニエル、しょうがバターソース

照り焼きがスタンダードなぶりを、たまにはこんな食べ方で。素揚げしたかぼちゃとにんじんが食感にアクセントを与えます。

材料（2人分）
- ぶり……2切れ
- 塩、こしょう……各適量
- 強力粉……適量
- A
  - 白ワイン……大さじ1と½
  - しょうゆ……大さじ1と½
  - おろししょうが……小さじ2
  - 砂糖……小さじ¼
  - バター……20g
- オリーブオイル……適量
- かぼちゃ……少々
- にんじん……少々
- トマト……1個
- イタリアンパセリ……適量

作り方
❶ かぼちゃとにんじんはピーラーで細くささがきにする。鍋にオリーブオイルを熱し、これを素揚げする。トマトは3〜5mm厚さに切って、皿に敷く。
❷ ぶりは1切れを3等分し、塩、こしょうをふって強力粉を薄くまぶす。フライパンにオリーブオイルを熱し、ぶりを入れて弱めの中火でこんがりと焼き、皿に盛る。
❸ フライパンをキッチンペーパーで拭き、Aを入れて軽く煮詰め（好みの濃度に）、ソースを作る。
❹ ❷に❸のソースをかけ、かぼちゃとにんじんの素揚げをのせて、イタリアンパセリをあしらう。

魚介のホイル包み焼き

ホイルを開けるときのワクワク感も楽しい包み焼き。魚焼きグリルに入れても上手に焼けます。

材料（2人分）
- あさり……8〜10個
- 白身魚（さわらなど）……1切れ
- 塩、こしょう……各適量
- エビ……6尾
- プチトマト……5〜6個
- ベーコン……1枚
- 白ワイン……大さじ3
- バター……15g
- 黒こしょう……適量
- レモンのくし形切り……適量

作り方
❶ あさりは海水程度の塩水に浸して2〜3時間おいて砂を吐かせ、流水で洗う。白身魚は2等分して塩、こしょうをふる。エビは殻をむいて背ワタを取る。プチトマトは2等分、ベーコンは約1cm幅に切る。
❷ アルミ箔を2枚広げ、白身魚、エビ、あさり、プチトマトをそれぞれにのせる。ベーコンを散らしてバターをのせ、白ワイン、黒こしょうをふってきっちりと包む。
❸ 250℃に予熱したオーブンで12分ほど焼く。アルミ箔を開き、レモンを添える。

しあわせごはん｜アラカルト

サイドディッシュ

side dish

テーブルに彩りを添えるサイドディッシュ、アラカルト。
軽いものから少しボリュームのあるものまで、あれこれ揃えました。
おつまみにもぴったりなおかず10点と、ほっとする汁ものを2点。
小さなお料理をちょこちょこっと作るのって、結構楽しくて、
色とりどりのお皿をいくつも並べたくなります。

プチトマトのマリネ

サラミの塩気を考慮して、好みの塩加減に
味を決めてくださいね。生ハムを使ってもおしゃれです。

材料（2〜3人分）
プチトマト……12個
モッツァレラチーズ（ミニボール状）……12個
サラミ……20〜25g
A｜オリーブオイル……大さじ1と½
　｜塩、黒こしょう……各適量
パセリのみじん切り……適量

作り方
❶ プチトマトは熱湯にさっとくぐらせて冷水に取り、皮をむく。サラミは食べやすく切る。
❷ ボウルにプチトマト、モッツァレラチーズ、サラミを入れて、Aで和え、パセリを散らす。

お気に入りの食材、北海道日高乳業のモッツァレラチーズ。こちらは使いやすいチェリータイプで、1袋に12個入っています。

たこのマリネ

にんにくを香りよく香ばしく加熱することが
いちばんのポイント。酢は好みで省いても。

材料（2〜3人分）
茹でたこ……1パック（100g）
にんにく……½片
赤唐辛子……2本
オリーブオイル……大さじ1と½
A｜酢……大さじ½
　｜塩……小さじ¼
　｜こしょう……適量
イタリアンパセリ……適量

作り方
❶ 茹でたこは食べやすい大きさのぶつ切り、にんにくはみじん切りにする。赤唐辛子は半分に切って種を除く。
❷ フライパンにオリーブオイルとにんにくを入れて、弱火にかける。こんがりといい香りが立ったら、赤唐辛子とたこを加えて火を止める。
❸ Aを加えて和え、器に盛りイタリアンパセリをちぎって散らす。

焼きズッキーニのサラダ

少し多めのオリーブオイルで色よく焼き上げて。
お皿に広げるようにして盛りつけるとスタイリッシュ。

材料（2〜3人分）
ズッキーニ……1本
オリーブオイル……大さじ1〜2
塩、こしょう……各適量

作り方
❶ ズッキーニは3〜4mm厚さの輪切りにする。フライパンにオリーブオイルを熱し、両面を中火でこんがりと焼く。器に盛り、塩、こしょうをふる。
● ここではフレーク状の塩と、ミックスペッパーを使用しました。

かぼちゃのオープンオムレツ

かぼちゃ以外にもいろいろな野菜で試してみて。
1人分ずつ小さなココットに入れて焼いても可愛い。

材料（直径15cmの耐熱皿　1枚分）
かぼちゃ……1/8個
卵……2個
A｜生クリーム……大さじ2
　｜粉チーズ……大さじ1〜2
　｜塩、こしょう……各適量
オリーブオイル……適量
ベビーリーフ……適量
パプリカパウダー（あれば）……少々

作り方
❶ かぼちゃは小さめの乱切りにし、蒸すか電子レンジで加熱してやわらかくする。ボウルに卵を入れ、Aを加えてよく混ぜる。
❷ オリーブオイルを塗った耐熱皿に卵液を流し込み、かぼちゃを散らして180℃に予熱したオーブンで25分ほど、ふっくらと焼く。
❸ 好みでベビーリーフをあしらい、パプリカパウダーをふる。

しあわせごはん｜アラカルト

side dish

じゃがいものグラタン

じゃがいものでんぷんで牛乳にとろみをつける、粉もバターも生クリームも使わないグラタンです。

材料（約13×19cmの耐熱皿 1枚分）
じゃがいも……2個
牛乳……1と½カップ
A ｜ナツメグ……少々
　　｜塩、こしょう……各適量
にんにく……½片
粉チーズ……適量

作り方
❶ じゃがいもは皮をむき、ピーラーでささがき状に削りながら鍋に入れる（水にさらさない）。
❷ ❶の鍋に牛乳を加えて中火にかけ、煮立ったら弱火にして10分ほど煮る。じゃがいもがやわらかくなったらAを加えて調味する。
❸ 耐熱皿の内側ににんにくの切り口をこすりつけて香りを移し、❶を入れて粉チーズをふる。240℃に予熱したオーブンで12分ほど、こんがりと焼く。

いんげんのアンチョビオイル煮

薄手のお鍋で作る際は、水分が飛び切って焦げつかないよう、注意しながら火を入れて。

材料（2人分）
いんげん……1パック（100〜120g）
アンチョビ……2切れ
オリーブオイル……大さじ1
水……大さじ1
しょうゆ……小さじ½
黒こしょう……適量

作り方
❶ いんげんは筋を取る。アンチョビは粗みじんに切る。
❷ 厚手鍋にいんげん、アンチョビ、オリーブオイルと水を入れてざっと混ぜ、フタをして弱火にかける。20分ほど煮て、いんげんがくったりしたらしょうゆを加える。器に盛り、好みで黒こしょうをふる。

コンビーフのリエット風

パンがおいしいリエット風ディップです。
薄く切ったバゲットにたっぷりとのせて、どうぞ。

材料（作りやすい分量）
コンビーフ……1缶（100g）
玉ねぎ……⅙個
ピクルス……1本
A│マヨネーズ……大さじ2
　│オリーブオイル……小さじ½
塩、こしょう……各適量
黒こしょう……適量

作り方
❶ 玉ねぎはみじん切りにして水にさらす。ピクルスはみじん切りにする。
❷ ボウルにコンビーフを入れてざっとほぐし、水気を切った玉ねぎ、ピクルス、Aを入れてよく混ぜ合わせ、味をみて塩、こしょうで調味する。
❸ 容器に詰めて、好みで黒こしょうをふる。バゲットなどを添えて、どうぞ。

カキのマヨネーズフライ

カキは熱湯で茹でておくことで、油はねを抑えます。
水分をしっかりと除いてから、衣をつけましょう。

材料（2～3人分）
カキ……1パック（約6個）
A│マヨネーズ……大さじ2
　│牛乳……大さじ1
　│クレイジーソルト……小さじ½
強力粉……適量
パン粉……適量
揚げ油……適量
ルッコラ……適量
レモンのくし形切り……少々

クレイジーソルトは、ハーブとスパイスがおいしくミックスされた調味塩です。

作り方
❶ カキは塩小さじ1（分量外）でもんでから流水で洗い、熱湯でさっと茹でてザルにあげる。Aを小さめのボウルなどに合わせる。
❷ キッチンペーパーで水気をしっかりと切ったカキに、強力粉、A、パン粉の順でつける。中温（約170℃）に熱した油でこんがりと揚げる。
❸ ルッコラと共に器に盛り、レモンを添える。

しあわせごはん｜アラカルト

side dish

ねぎとごまのプチがんも

たねを10等分したのが、私好みのサイズです。
塩やゆず、辛子やわさびを溶かしたおしょうゆで。

材料（作りやすい分量）
木綿豆腐……1丁
A
　卵……½個
　おろししょうが……小さじ1
　片栗粉……大さじ2
　塩……小さじ¼
万能ねぎ……5～6本
白炒りごま……大さじ1と½
揚げ油……適量

作り方
❶ 豆腐はしっかりと水切りする。万能ねぎは小口切りにする。
❷ ボウルに豆腐を入れ、Aを加えてよく混ぜ、万能ねぎと白炒りごまも加えて混ぜる。小さく丸め、厚みを少し押しつぶして形をととのえ、中温（約170℃）の油でこんがりと揚げる。

きのこのピリ辛炒め

そのまま食べたり、お豆腐にのせたり、ねぎを加えて
お魚と蒸したり、ひき肉と炒めてレタスで包んだり。

材料（作りやすい分量）
しめじ、ブナピー、えのきだけ……各1パック
しいたけ……5～6個
トマト（小）……1個
にんにく……½片
赤唐辛子……1～2本
ごま油……大さじ1
A
　カレー粉……小さじ1
　しょうゆ……大さじ½
　豆板醤……小さじ½
　砂糖……小さじ¼
　こしょう……適量

作り方
❶ しめじとブナピーは食べやすく裂く。えのきだけは長さを半分に、しいたけは半分に、トマトはざく切り、にんにくはみじん切り、赤唐辛子は半分に切って種を除く。
❷ フライパンにごま油、にんにく、赤唐辛子を入れて弱火にかけ、いい香りが立ったら、きのこ類とトマトを入れる。強めの中火でさっと炒め合わせ、Aを加える。

塩昆布とわかめのクイックスープ

食事の途中に「やっぱり汁物を」、なんてときにも億劫がらずに作れる、インスタントなスープです。

材料（2人分）
塩昆布……小さじ2
わかめ……小さじ1
顆粒鶏ガラスープ……小さじ1
こしょう……適量
熱湯……240〜300㎖

作り方
❶ カップを2つ用意し、それぞれにすべての材料を½量ずつ入れて、熱湯（1カップにつき120〜150㎖）を注ぐ。

ご飯の友に欠かせない塩昆布は、お料理の調味料や旨み出しとしても秀逸。切らすことなく常備しています。

油揚げとねぎのごま味噌汁

油揚げに、小口切りにしたねぎがたっぷり。ごまの風味豊かな、体が温まるお味噌汁です。

材料（2〜3人分）
油揚げ……½枚
万能ねぎ……¼束
練りごま……大さじ1と½
すりごま……大さじ1
味噌……大さじ2
だし汁……2カップ

作り方
❶ 油揚げは短冊切り、万能ねぎは小口切りにする。
❷ 鍋に油揚げとだし汁を入れて中火で煮立て、味噌と練りごまを溶き入れ、万能ねぎとすりごまを加える。

しあわせごはん　アラカルト

シメのひと皿

closing dish

愉快に飲んだ後は、ご飯ものや麺類を口にして締めくくりたい。
外で食べて帰ってきたけれど、何だか少し物足りない。
もしも、そう感じていそうな様子の彼がいたら、
ちょっと台所に立って、さっとさり気なく、こんなお料理を出してあげて。
お腹もハートもほどよく満たしてくれる、心和む4つの和風のお皿です。

牛しゃぶ茶漬け

2人分、2～3枚の牛肉でこと足りるから、
ここは贅沢に、ちょっといいお肉を使いましょう。

材料（2人分）
牛薄切り肉（しゃぶしゃぶ用）……2～3枚
A ┃ 熱湯……1と½カップ
　 ┃ 白だし……大さじ1
温かいご飯……適量
白炒りごま、白髪ねぎ、おろしわさび……各適量

作り方
❶ 器に温かいご飯をよそい、牛薄切り肉をのせる。白炒りごまをふって、白髪ねぎをのせ、おろしわさびを添える。合わせたAを注いで、どうぞ。

ちりめんじゃことねぎのふりかけ丼

冷蔵庫の常備菜、自家製フレッシュふりかけを
韓国海苔と共に、炊き立てのご飯にのせて。

材料（2人分）
ちりめんじゃこ……¼カップ
万能ねぎ……½束
ごま油……大さじ1
A ┃ 黒炒りごま……大さじ1
　 ┃ しょうゆ……大さじ½
　 ┃ みりん……大さじ½
温かいご飯……適量
韓国海苔……適量

作り方
❶ 万能ねぎを小口切りにする。フライパンにごま油を熱し、ちりめんじゃこと万能ねぎ（トッピング用に少し残す）を弱めの中火で炒め、Aを加える。
❷ 器に温かいご飯をよそい、ちぎった韓国海苔と❶をのせ、残しておいた万能ねぎを散らす。

けいらんうどん

寒い冬、外で飲んで帰ってきた彼を、
こんなやさしいおうどんで温めてあげたい。
風邪気味のときにも嬉しいあんかけうどんです。

材料（2人分）
うどん……2玉
めんつゆを好みの濃さに水で薄めたもの……3カップ
片栗粉……小さじ2（大さじ1の水で溶く）
卵……2個
おろししょうが……適量

作り方
❶ 鍋にめんつゆと水を入れ、中火でひと煮立ちさせる。うどんを入れ、温まったら引き上げて器に盛る。
❷ ❶の鍋に水で溶いた片栗粉を入れてとろみをつけ、強火にして溶いた卵を流し込み、菜箸で混ぜながらふんわりと火を通す。うどんにかけて、おろししょうがを添える。

茶そばのサラダ仕立て

昔、コックさんから教わったフレンチドレッシングと
和風だしを合わせる技をヒントに作り続けているサラダです。

材料（2人分）
茶そば……2束
レタス……2〜3枚
きゅうり……1/3本
カニかま……6本
貝割れ大根……適量

A
しょうゆ……小さじ1
めんつゆ……大さじ2
酢……大さじ1
水……1/4カップ
太白ごま油……大さじ2
塩、こしょう……各適量

作り方
❶ レタスは食べやすくちぎる。きゅうりはせん切りにする。鍋に湯を沸かし、茶そばを表示時間通りに茹で、洗って冷やす。
❷ 器にレタスを敷き、茶そばの水気を切ってのせる。きゅうり、カニかま、貝割れ大根をのせ、よく混ぜ合わせたAをかける。

（左）京都のお茶屋さん、伊藤久右衛門の茶そば。抹茶の落ち着いた色と香りが楽しめます。
（右）スギヨの「かにちゃいまっせ」。見た目も味も、完成度のかなり高いカニかまです。

Column 5 道具について

性能のよいお鍋がお料理の味を上げてくれることもあれば、面白い道具のおかげでルーティンワークに傾きがちな台所仕事が楽しみになることさえあります。
私のキッチンで右腕となり、いい仕事をしてくれる道具たちのいくつか、ご紹介します。

ご飯を土鍋で炊くようになって数年。すっかり日常となりました。直火炊きすることの特別感は消えても、わくわく感はなぜか変わらず持続しています。

深さのあるバーンデスのフライパン、24cm。焼く、煮る、蒸す、炊くの4役、おいしく使っています。付属のドーム形状のフタもまた、優秀。

手前は直径28cmの大きなフライパン。多くの野菜を重ねずに焼くとき、その大きさに助けられます。奥は直径20cm、小さな調理やお弁当作りに好都合。

赤がストウブ、24cmソテーパン。黄色がル・クルーゼ、22cmビュッフェキャセロール。浅さが使い勝手よく、何かと重宝しているお鍋です。

厚手のホウロウ鍋、ストウブの23cmオーバルと、18cm＆20cmのラウンド。密閉度が高く、無水鍋のような使い方も可能。旨みを逃がさずに調理できます。

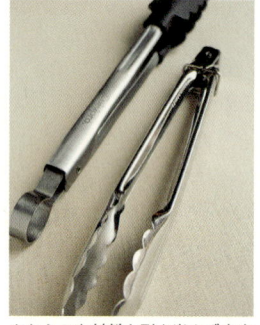

やわらかな材料も形を崩さず安定してはさめるトングは、調理後の盛りつけにも活躍。先端ナイロンはクイジプロ、ステンレス一体は工房アイザワ製。

薄切り、せん切り2種、おろし金がセットになったスライサー。ずいぶん前にホームセンターのセールで購入したものですが、いまだ働き続けています。

何度もリピート買いして使い続けているリッター社のピーラー。ごくシンプルな何でもないデザインに惚れ込んでいて、大きさも私の手に馴染みます。

ジャカードのミートテンダーライザー。お肉の繊維を上手に簡単に細かく断つことができるので、お肉がやわらかくなり、味もよく入ります。

About kitchen tools

小さな泡立て器とゴムベラ。少量の調味料をなめらかに合わせるときや、小さな容器の中身をきれいにさらうときなど、1本持っているととても重宝します。

材料の水分を吸収する「おいしくなるシート」は冷凍や下ごしらえに。のせるだけでアクを除く「アクも油もとるシート」は煮汁の少ない煮物にも便利。

電子レンジ、オーブン、冷凍保存、食洗機までOK、vivのシリコンスチーマー。小さなUno、2人用のDue、キャセロールのSサイズを揃えました。

卵と一緒に茹でると熱の作用で色が変化し、殻をむかずして卵の茹で具合が分かる、エッグメーター。生茹で、半熟、固茹でも、一目瞭然。

電子レンジ専用、卵の調理器具。手前は茹で卵、奥はポーチドエッグや目玉焼きに似た状態のものが作れます。いずれもノルディックウェア製。

iwakiパイレックスのドレッシングボトル。ボトルにメジャーがプリントされていて、調味料の調合も簡単。ガラスなので油汚れもスッキリと落ちます。

先端がデリケートなほどに細く削られている、市原平兵衛商店の盛りつけ箸。お皿への盛りつけ、お弁当箱への盛り込みに、素晴らしく使いやすい。

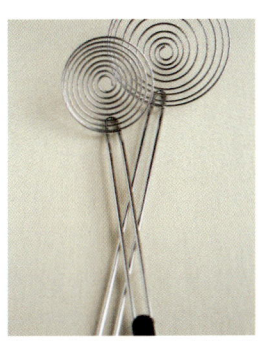

茹でものや揚げもので、材料を引き上げる際とても便利です。渦を巻いたステンレスワイヤーの様子と共に名前もチャーミングな、すくいっこレードル。

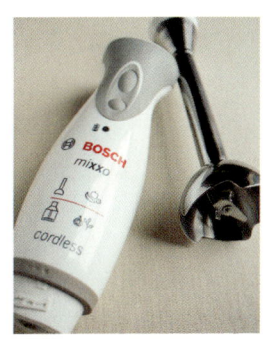

ポタージュ作りを格段にラクにしてくれるボッシュのハンディーブレンダー。初めての使用時、コードレスってこんなに使いやすいんだ！と感激しました。

103

稲田多佳子 Inada Takako

京都に生まれ育ち、現在も暮らす。
お料理やお菓子を作ること、誰かに食べてもらうことがしあわせ。日々のごはんは簡単おいしく。ときどきちょっぴり腕まくりをして。メリハリのあるバランスの取れた食卓が目標。外ごはんも楽しんで、新鮮な空気を吸い込むことも忘れません。器とお鍋とエプロンが大好きな主婦。家族は夫と娘1人。
著書は『たかこさんの粉ものお菓子　ブランチ＆ティータイムのお楽しみ』『たかこさんのクイックブレッド＆ケーキ　蒸しパン・マフィン・スコーン・クッキー etc. 粉好きさんのリピートレシピ81』(ともに小社刊) ほか多数。

http://takako.presen.to

STAFF
料理、スタイリング、写真、文　稲田多佳子
ブックデザイン、イラスト　横田洋子
写真　内池秀人 (カバー、p8-39)
校正　西進社

製菓材料の提供
cuoca (クオカ)　http://www.cuoca.com
0120-863-639 (10:00 〜 18:00)

たかこさんの
しあわせふたりごはん
記念日やおもてなし＆デイリーディナーのごちそうメニュー113

2011年11月30日　初版第1刷発行

著　　者　稲田多佳子

発　行　者　中川信行
発　行　所　株式会社 マイナビ
　　　　〒100-0003 東京都千代田区一ツ橋1-1-1パレスサイドビル
　　　　TEL 048-485-2383 [注文専用ダイヤル]
　　　　　　03-6267-4477 [販売]
　　　　　　03-6267-4403 [編集]
　　　　URL http://book.mynavi.jp

印刷・製本　大日本印刷株式会社

- 定価はカバーに記載してあります。
- 乱丁・落丁本はお取替えいたします。
  落丁・乱丁本についてのお問い合わせは、TEL：048-485-2383 [注文専用ダイヤル]
  または、電子メール：sas@mynavi.jp までお願いします。
- 内容に関するご質問は、出版事業本部編集7部まで葉書、封書にてお問い合わせください。
- 本書は著作権法上の保護を受けています。本書の一部あるいは全部について、
  著者、発行者の許諾を得ずに無断で複写、複製（コピー）することは禁じられています。

ISBN978-4-8399-4095-9
C5077
© 2011 TAKAKO INADA　© Mynavi Corporation